时光印记

冯惠媛 著

山西出版传媒集团 三晋出版社

图书在版编目（CIP)数据

时光印记 / 冯惠媛著. —太原：三晋出版社，2021.1
ISBN 978-7-5457-2154-6
Ⅰ. ①时… Ⅱ. ①冯… Ⅲ. ①随笔—作品集—中国—当代
Ⅳ. ①I267.1
中国版本图书馆CIP数据核字（2020）第249630号

时 光 印 记

著　　者：冯惠媛
责任编辑：阎卫斌
责任印制：李佳音
装帧设计：睿设计

出 版 者：山西出版传媒集团
　　　　　三晋出版社（山西古籍出版社有限责任公司）
地　　址：太原市建设南路21号
电　　话：0351-4956036（总编室）
　　　　　0351-4922203（印制部）
网　　址：http://www.sjcbs.cn

经 销 者：新华书店
承 印 者：山西基因包装印刷科技股份有限公司

开　　本：787mm×1092mm　1/32
印　　张：8
字　　数：110千字
版　　次：2021年1月 第1版
印　　次：2021年1月 第1次印刷
书　　号：ISBN 978-7-5457-2154-6
定　　价：49.00元

如有印装质量问题，请与本社发行部联系　电话：0351-4922268

时光

- Memories -

印记

那些细碎的痕迹和气味

（代 序）

忘记了离校后的第一次提笔是为何事。也许是某个阴天暗淡的下午，四下凄清冷静，温度又低到无法灵活地运动手脚，我便裹上毛毯，抱着电脑打发时光。抑或是一个失落的夜晚，我想觅一知己，觥筹交错，诉衷肠叙旧事却略觉唐突，只好沏一壶茶，我一杯，假装的朋友一杯，冒着热气，对着笔记本老友聊做抒发。哦，对对，也许是我那次全身过敏住院，每天依靠呼吸机呼吸，依靠葡萄糖维持身体机能。我无法诉说，熬着等康复的那些分分秒秒，忽然萌生了念想。

也许有人会说，书写有那么痛楚吗？为什么你总在低谷的时候才想起老朋友。我想说，至少书写绝对是一件艰难的事。如果我不写，那些空虚感，那些落寞感，那些身体的不适，或者是那些相遇，那些重逢，那些喜悦与幸福，都会因为时间被一一打败，渐行渐远，随风消逝。

当不书写的人拥抱未来，憧憬新希望，挥别错的旧的，书写的人却要把那些细碎的痕迹和气味深挖硬刨，把自己剖析得彻底净尽。

那天和一位终生用来写作的前辈聊天，他说，人不孤独，不摒弃凡夫俗事是无法写出好东西的。我们谈到了杨绛，《干校六记》这样的好文，若没有她在干校下放时浇菜园、担粪这样的体验，是万万写不出的。

比起前辈，比起杨老，我自是没有那么多故事可述。我只想呈现我视为信仰的我的本真，我的经历浮沉而越来越坦然从容的心，我和一片叶、一缕发、一只猫、一幢屋、一片湖之间的交流得到的生命的启示。我今年26岁，我现在海岛的棕榈树下，我与前方航行的水手和树上栖息的海鸟为伴。

我不想错过过往的任意点滴。

我记录给我自己，也给你……

目　　录

腔调 Life Style

家　About Family

爱 About Love

领　悟　Comprehend

腔 调

Life Style

在巴黎跳蚤市场淘出来的爱情故事

法国人和中国人的思维模式大不一样。一些有纪念意义的随身物品，中国人愿意在辞世后留给其后人，或陪伴他（她）去另一个世界。而法国老人更喜欢把自己的东西拿出来卖掉，当然不是为了那几个小钱儿。一个物件用久了会有特殊情感，会有故事，拿出来卖掉，为了让自己的宝贝得到传承，让故事找到新的归宿。这也许是法国的跳蚤市场总是生生不息的原因吧。

我特别喜欢逛二手跳蚤市场。跳蚤市场诞生于19世纪的法国，而Saint-Ouen（圣图安）是巴黎规模最大、历史最悠久的跳蚤市场。若你到巴黎，不去Saint-Ouen，未免有些遗憾。市场一般会在周末和礼拜一开放，但并不是所有店铺同时营业，所以你要掌握好时间和规律，而且还要注意一点，地摊是不能刷卡的。

周末到了，我约巴黎的导游朋友范君一大早驱车赶往我心仪已久的圣图安。淘了很多古董、器皿和老油画之后，我在一家店发现了一个牛皮小箱，棕色双扣的那种，很旧很旧的款式。箱子里装满了首饰等杂物，其中一张发黄的明信片引起了我的注意，上面写满了字。我转过身问范君，他接过来，断断续续地翻译给我听：“Amandine，我爱你。这是我第一次对我妈妈以外的女人说‘我爱你’。你宛若橱窗里雪白夺目的珍珠，唯有紧贴着你，我空荡的心才会充实。每次见到你，我都感到我的血液在燃烧，即使我们不在一起，我的心也会与你紧密相随。亲爱的，你不要再折磨我那颗破碎的心了，请快接受我的爱吧！”落款是一个名叫 Sidney 的男人，时间是 1954 年的 9 月 29 日。地址也很明确。遗憾的是，这张写给初恋情人的明信片并没有寄出，因为上面没有邮戳。我问店主这些东西的主人是谁，他说是物主的儿子，物主已经仙逝。我问他明信片单卖吗，他说你要喜欢就送给你好了，不要钱。

我从店主手中接过明信片的一瞬间，使命感油然而生。从旧货市场出来我们便直奔邮局。我小心翼翼地将它装入信封封好，并让范君代笔，帮我用法语写了封短信：

你好 Amandine 女士！我在圣图安跳蚤市场无意中发现了一封您的初恋男友写给您但未寄出的情书，我不想让 Sidney 对您的爱恋随他一起被尘封到另一个世界，我能想象热恋中的你是多么楚楚动人！如果有机会能见到您那该有多好。主保佑您健在并能收到此信。

落款我留了自己的名字，用的是范君的地址。

回国后我时常挂念此事。两个多月后的一个平常的下午，终于接到范君的电话：“你真够幸运的，老太太还活着，而且地址 60 年没变，给你回信了！”

信的内容如下：

你好hui，收到你的信让我觉得我公寓的窗户像是水晶质的，因为满屋子都是五彩斑斓的阳光！这绝对是我生命中最令我开心的事情之一。Sidney年轻英俊的脸和军绿色的外套至今还很清晰地在我眼前浮现。十分感谢你的慷慨与善良，愿主保佑你。

每一件旧物都浸润着故事，何况这是一个动人的爱情故事呢！我特别开心，我有幸续写了这个故事，或许我还参与其中，成了故事中人，不是吗？我使这对恋人的心又走到了一起，我把Amandine拉回到青春岁月，重新感受到年轻英俊的Sidney热烈滚烫的爱情。

和翡翠来一场旷日持久的艳遇

印象里，女人最美的饰品，莫过于一只翡翠镯子。最好是上了些年岁的祖母绿的，锦衣华服，皓腕凝雪中，不经意间自有一股翠绿的生机。

聚焦大龄剩女问题的影片《我愿意》中，孙红雷饰演的富豪杨年华送给李冰冰饰演的大龄职场女青年唐微微的厚礼是整个钻石公司。这也让李冰冰收获了“翡翠女”的称号。

“翡翠女”是一个容易让男人痴、女人妒的称呼。电影中说她们温柔含蓄、高贵挑剔、精致矜持，喜欢化淡妆，穿清新的衣服，听轻音乐，爱喝茶，旅游，没事还能弹弹琴、写写东西。关键是，她们的美就像翡翠，由内而外，兼具知性、感性、主动性、性感四大特质。

翡翠大师摩太有句名言：翡翠，就如一个艳妇。遇上她，就是一次艳遇，她的魔力，可以让最精明的商人变成情痴。

熟悉的地方没有风景。由于自小长在新疆，我早早见惯了各种各样的和田玉，却不曾想到，有朝一日，会和翡翠结缘，不离不弃。

朋友说，你是为玉而生的女人，爱玉成痴。我笑一笑，不置可否。

其实，我是阴差阳错遇上翡翠的。

翡翠，《说文解字》上说，“翡，赤羽雀也；翠，青羽雀也”。翡，指一种红色的鸟，翠，指绿色的鸟，后来，用翡翠泛指红色和绿色的饰物。严格意义上讲，翡翠是玉，但玉不一定是翡翠。

2011 年，我在北京。

不拍戏的日子久了，一个人宅在家里。沉静得久了，就有想出去走走的冲动。

在朋友的场子，遇到一个背包客，推销翡翠，巧舌如簧。偏偏翡翠有一种魔力，拿在手里，就舍不得放下。很多东西都是这样，一旦喜欢了便心心念念，想据为己有。

经不住诱惑，买了 30 万左右的翡翠。第二天，背包客带我去金融街购物中心，橱窗里的翡翠让人一见倾心。谈不上奢华、耀眼、璀璨，但自有一番不能言说的美，内敛而不张扬。

后来，他拿了两串翡翠项链，开价7000万，后来开到4000万，跟另外两个朋友，差点入手。千万之内，没有谈拢。朋友买了一些别的东西，有一两百万之多。

这是第一次交学费。

后来，去云南。考鉴定师证，恶补理论知识。然后实战，频繁地买入卖出。有得失，有输赢，有成败。

再后来，自己设计珠宝。很多个难眠的夜晚，我在昏黄的灯下翻看古今中外各位大师的手稿，那些参悟大师高超技艺而迸发的灵感顺着灯光四溢而出，让人沉醉。那是一段比烟花灿烂，也比烟花寂寞的日子，有冥思苦想的痛苦，也有妙手偶得的喜悦。经自己设计的款式，走红毯的女星戴在身上则艳压群芳，邻家女孩儿戴在身上则翩若惊鸿，那种成就感，无与伦比。

跟着摩太的弟子学习翡翠鉴赏和买卖知识的时候，听到许多关于摩太的传说。一次采访中，有人问他，“相玉的时候，你说过谎没有？”“从来没有，”摩太说得斩钉截铁，“正因为如此，在这方面我得罪了很多人，很多人都恨我。有一次，一个人他拿20万的玉石要我帮他评估成170万，如果成交了马上就可以拿走桌上的50万现金。我硬是没有说。”

我相信，玉有玉德。宁为玉碎，不为瓦全。

想起来杨澜采访崔永元：“你曾经遇到过的最大诱惑是什么？”崔永元直截了当地回答：“钱，走穴。有人让我给一个楼盘剪彩，最高价开到了一剪子50万元。”杨澜问他：“那你为什么不去呢？”崔永元说：“我觉得我抵御不住。我是没法抑制自己的一个人。所以我想，一旦我爱上了剪彩之后，谁都拦不住我。我唯一的办法就是别去碰它，别沾这个事。今天坐在你面前，我如实地告诉你，我还是非常爱钱的。真的，我就是不敢用这种方式去挣。”

我相信，他们都是爱惜自己羽毛的人。

金庸在《书剑恩仇录》中借乾隆之口提到“君子”。乾隆在随身佩戴的一块玉上，刻有一句自勉的话：情深不寿，强极则辱，谦谦君子，温润如玉。这十六个字，道出了金大侠对君子和人生境界的理解，而最终落在玉上，也正暗合了中国玉文化的精髓。

君子无故，玉不去身。世上没有两片相同的树叶，自然也没有两块相同的翡翠。它隐藏光华，深埋地下千万年，像极了一个养在深闺人未识的小女，等待被发掘，被雕刻，被佩戴，被珍惜。

翡翠识女人，女人识翡翠，从一次偶然的艳遇到长相厮守，以至于分不清女人是翡翠的化身，还是翡翠是女人的灵魂。一个知性、成熟的女人只佩戴玉中极品。因为女人的美，只有历经岁月沉淀才会愈发迷人，洗净铅华才能绽放气质。恰如颗颗翡翠，历经亿万年孕育，再经沧海桑田巨变，才散发出内敛的光华。

一个人的咖啡时光

日本作家新井一二三在《午后四时的啤酒》中写了一个日裔太太的故事：每天下午四点，她比其他人早下班回家，丈夫还没回来之前，先一个人坐在客厅沙发，边看外边美丽的风景边喝啤酒。她说："很快就要开始做晚饭什么的，我自个儿闲坐的时间并不长。但是，我活着，就是为了那一刻。"这足以见得午后闲适的时光对她来说有多重要。午后四时大家都在忙碌，能喝点东西只能算是忙里偷闲。于我，当然也是一样。

尽管我们大部分时间都在工作，只有小部分的时间在享乐，但的确，我们的大部分时间是为小部分时间努力。我们的幸福的确来源于忙里偷闲的那一刻。

中国人讲究喝申时茶，申时就是下午 3 点至 5 点，据说此时膀胱经当值，补充水分，天人合一。英国人喜欢喝下午茶，一杯红茶，几块点心。而今天这个时刻，我想自己动手做杯咖啡，慢慢品尝。

午后四时的阳光，褪去了浮躁，开始变得温柔、深沉、有味道，也更有包容的感觉。今天的心情和肯尼亚咖啡很搭，内心雀跃，口感活泼。没有任何一个国家能够像肯尼亚那么费心培育和出售咖啡——本来肯尼亚的气候就适合咖啡的生长，而且政府费心经营，甚至立法保护咖啡的种植和销售。所以，到我们手中的咖啡豆才能很好地蕴含着那广袤草原的豪放狂野。

只要打开盛有咖啡豆的布袋，我似乎就能够闻到非洲草原那夹杂着青草味的空气的味道。

经过法式浅烘焙的肯尼亚咖啡豆散发着迷人的光芒。烘焙的过程并不复杂，最重要的是保证每一颗豆子始终慢慢运动，保证烘焙到豆子的芯儿，就像优雅地拾级而上，一阶一阶慢慢地走，让豆子把味道鲜明地呈现出来。

制作一杯咖啡需要15g咖啡豆。称重打粉，铺好法兰绒滤布，咖啡杯用热水温热后，放在滤嘴下方。取88℃的水，注入杯中，水流均匀，循序渐进，从中心打着圈儿向外围5圈，再从外围打着圈儿向中心5圈，重复两次，恰好是一杯咖啡的量。

我喜欢这个制作咖啡的过程，甚至超过了对咖啡的喜爱。很多人觉得茶才能品出禅意，其实，咖啡也可以。

适量的豆子，适量的水，适合的温度，咖啡的醇度和层次感才能一点一点被你唤醒。过浓或是过淡，都会影响咖啡的口感，香醇的咖啡可能变得过腻或是寡淡。而温度则是调和豆子与水的红娘，如前所述的操作之后，到口中时的温度为61~62℃。这样的温度，虽有些热，但已经可以啜一小口：咖啡先是在舌头上开了花，然后滑入咽喉，按摩你整个神经，香气随之充满整个口腔。

而咖啡过滤的方式也需要根据咖啡本身的特色来选择。比如肯尼亚咖啡，它蕴含了特有的狂野酸味，味道有点像葡萄酒，有时你会觉得，品尝它像是品尝葡萄酒，很浓烈，很浑厚，有着绵长的余味。这样的咖啡最适合法兰绒滤布，用它过滤的咖啡更能呈现一些细微而又丰富的味道，它能让肯尼亚咖啡这个粗犷成熟的老男人顿时细腻起来。

当然，咖啡杯的选择也很重要。咖啡总是要穿上合适的衣服才能神采飞扬。肯尼亚咖啡并不适合穿了洋裙描着金边的欧式咖啡杯，我选择釉陶质感、手工拉胚的简约杯子，这样的杯子更能凸显肯尼亚咖啡本身独有的自由、狂野气质，这让我不得不想起《走出非洲》中梅里尔·斯特里普(Maryl Streep)扮演的女主人公卡伦在壮丽的日落中那抹剪影，我知道，那也是我心存的梦想。

一杯七八分满的咖啡品完，一个下午的时光就这样过去了。而留在我心里的满足感，让我牢牢地站立在了这片土地上。我知道片刻的休息过后，又要踏上新的征程。感谢这杯咖啡给予的禅意，给予的力量。

女 人 的 精 致 生 活

有人问我什么是生活，我觉得这是个深沉的话题，应该好好地想想。

生活，应该就是一颗长着绿油油的叶子的挂着水的白萝卜。它欣欣向荣，叶子上都带着水珠，水分十足，脆中带着那么一点点辛辣。不好意思，我又暴露了我吃货的本质。

我还想说，或许生活与我们都是白萝卜。不同的是我们吃的方式：有的人用水简单地冲洗，还带着泥土的微微甜腥，连着皮就大口地吃下；有的人清洗之后，削了皮，切成段，蘸着黄豆酱，一口一口地慢慢嚼；还有的人，把萝卜雕成花，用冰水镇过，放在精致的盘子里，小口小口地品其中的滋味。

第一种人是崇尚简单自然的棉麻生活，第二种人希望在生活之外添点料，第三种人想要把生活过得有滋味，有腔调，还希望品到生活的本味。或许还有第四种人，将萝卜雕了花，然后蘸酱吃，那就是有滋有味，有外料。

生活是什么样子，也看你想要过成个什么样子，这叫生活的态度。

我是第三种人。哪怕是普通的萝卜，我也要把它吃出花来。我想要用我精致的方式过出生活的本来面貌。

就比如我爱踏着高跟鞋，戴上首饰，有的时候甚至还会穿束腰，就是带着鱼骨特勒人的那种。我没有整容，身体发肤还维持出厂的样子，但倘若让我不加修饰地出去，我会觉得生活没有那样美好，失去了生活的腔调。

感谢父母赐给我修长的脖子，它只要干干净净地露出来，无须什么装饰。但耳饰和戒指必不可少。我的意思是说，萝卜花需要雕刻，不过，也需要选择适合自己的花，比如我偏爱香槟色的玫瑰花。

我要说说耳饰的重要性。肯尼斯·杰·莱恩(Kenneth Jay Lane)说，“不戴耳钉出门的女人应该被抓起来”。幸好他只是个设计师不负责法律。不过，行走在西班牙的大街小巷，你会发现几乎每一个西班牙女人都佩戴着各式的耳饰——这是一种对美的坚持。

耳饰总会提亮一个人的气质，让你光彩照人。它可以修饰你的脸型，展现你的品位，就像歌剧《阿丽亚娜》中唱的“一个女人的耳环，可以折射出她的灵魂”。这个真的不夸张。东方女子含蓄，一袭旗袍最是吸引人。张曼玉在《花样年华》中的造型不知道迷住了多少人。很少人会注意到她的每一套旗袍必然会配一副摇曳生辉的珍珠耳饰——珍珠和旗袍是绝配，没有珍珠耳饰的旗袍则黯淡了很多，就像是雾霾天出镜的感觉。西方女人更加的奔放外露，同样的珍珠耳饰，因为造型不同，《罗马假日》的安妮公主美得清丽脱俗，斯嘉丽更是凭借《戴珍珠耳环的少女》入围了金球奖的剧情片最佳女主角。当然还有翡翠耳饰和钻石耳饰，或是含蓄，或是熠熠发光。质地和款式都会点亮你的光彩，折射你的灵魂。

佩戴上与自己衣服相配的耳饰，整体穿搭立刻就有了灵动感。这是珠宝配饰所散发出来的光芒，是雕萝卜花的小刀。

再说说高跟鞋和束胸这类女人独有的权利。

一个女人必须有一双高跟鞋，即使你不是总穿。高跟鞋会瞬间完成塑性，增加身高，让女人的曲线更美。而高跟鞋的“噔噔”声有种打动人心的独特之美，这不同于平跟鞋的“啪啪”声。高跟鞋同样是让一个女人散发味道、变得优雅的小刀。

至于对鱼骨束腰的喜爱，可能源于我从小习练钢琴，接触了太多欧洲文化的缘故。我喜欢文艺复兴时期匠人们对美的理解，连带着喜欢上了束腰对女人独特的美的演绎。

我总是觉得女人的生活应该精致美丽，应该好好地雕琢。这是我的生活方式。所以，我愿意花时间去雕琢我生活的那颗萝卜，雕成花，镇过冰，放在精致的盘子里，小口小口地品其中的滋味。

——让耳畔的耳坠空灵地摇曳，穿一袭华丽的霓裳，踩着高跟鞋，诗意地向前行走。

真 水 无 香

师太亦舒写美女减肥有一个经典桥段：为了减肥，口渴不喝水，只用清水漱口。

这架势，分明是灭绝师太的招式。

网上有个段子，说，一定要小心那些有六块腹肌的男人和永远保持好身材的女人，因为他们拥有常人想象不到的决心和意志力。爱美的女人，身上多了几斤肉，恨不得连胖了一圈的影子都吞噬掉。惹不起。实在惹不起。

以前拍戏、做模特，为了工作需要，暴力减肥，不得不对自己的身体狠一点。有记录的是一个月减掉十几斤的体重，只喝白开水，煮点蔬菜，或者一天不吃饭，半夜里经常饿得睡不着。

过犹不及，自然会留下后遗症，身体开始各种抗议，精力跟不上，本想做得更好，结果，什么都做不了。

后来遇到大卫·埃利亚。我很庆幸，能够在不算太老的年纪遇见他。

没见到他之前，只知道他被人们称为荷尔蒙之父，拥有一整套关于女性调养荷尔蒙的非药物性治疗学说，并且给法国影星苏菲·玛索做过私人保健医生，是个名头十足的人。第一次见面，还是出乎我的意料。如果不是明媚的阳光和窗明几净的环境，以及若有似无的音乐，我觉得那简直就是一场审判。

那是一场温柔而幸福的审判。在就诊之前，他居然问了我几百个问题，从病因、病情，到我的心情，生活质量，自信程度，以及艺术、爱情……

医疗手术不是大卫的优势，但保健养生绝对是大卫的强项。当然国内外的医生都很重视体检报告单，但不同于国内的医生，大卫不愿意针对体检结果开任何的药物处方，他更加强调生活方式的调理，赞成非药物性治疗，通过每一口食物和生活方式的改善，来改变疾病发展趋势，达到延缓衰老的目的。

我们谈到多巴胺。他说，人在谈恋爱的时候，会分泌大量的多巴胺。多份研究表明，爱上一个人之后，多巴胺存在的时间很短暂，有的说半年到一年，也有的说是18个月，但最多不超过两年。多巴胺能够带来瞬间的激情和狂热，但身体无法一直承受强刺激，多巴胺在体内自然新陈代谢，激情逐渐消失，愉快的感觉不再存在。

有的人试图通过注射多巴胺来维持自己的幸福感。但是，当爱情枯萎时，进补一针多巴胺，真的就能让爱情继续，白头到老吗？

我陷入沉思。

大卫突然问我，你去过斯卡布罗集市吗？那里到处长满了芫荽，鼠尾草，迷迭香和百里香。

顿了一顿，他又说，那里没有多巴胺。

房间里响起《斯卡布罗集市》的旋律。夕阳迎风，晚钟悠扬，在斯卡布罗集市上，一对年轻人在这个到处有花草清香的小村庄相爱了。他们一定有过对爱情的向往吧，一定憧憬过一个家，两个人，一群娃，天长地久。

可是，战争袭来，男子告别姑娘，踏上战场。他再也没有回到自己的故乡。多少年过去了，小镇上依然商客云集，他的灵魂不甘，一遍一遍向路过的行人低吟浅唱：您去过斯卡布罗集市吗？那里长满了芫荽、鼠尾草、迷迭香和百里香。请代我向那儿的一位姑娘问好，因为她曾经是我最爱的人。

佛语云：真水无香。自然、平静、清澈，说的是真人无智、无德、无功、无名。原来，生命中自有一种平衡，超越多巴胺的激情，才经得起平淡的流年。

嗨，小资，好久不见

我有一位大学好友，主修艺术。我和他常去一家咖啡店喝咖啡，我们总是装着很有格调的样子，小声说话：

这家咖啡店怎么样？

嗯，不错。

想不想自己也拥有一家这样的咖啡店？

今晚行动。记住暗号，月黑风高夜，杀人放火天。

然后我们就看那些甜蜜恩爱的情侣，赌他们几天之内分手；偶尔也把目光停驻在少有的单身进来的高冷范儿女神身上，品头论足，然后恨恨地说：早晚有一天，哼……

毕业后，有赖于家境还算殷实，好友没有正经找工作，果真在大学的旁边开了一家咖啡店，名字剽窃了别人的创意：雕刻青春。两层店面，还有讨巧的让人看了就迈不动腿的室外小座。一进门的那面墙，每天都有不同，总能带来一些惊喜。店里的每一件家具，都是有质感的老物件，甚至教室里的旧桌椅，宿舍里的篮球、破吉他、公仔娃娃，都被拿来混搭。

居然经营得有模有样，居然盈利还有结余，居然还扩大了规模。

两年后，好友搞了一家“天空之城”的概念书店出来，主营人文图书、独立音乐、慢递。柜台的四周居然全部用书垒成（我不确定那里面有没有毕业生卖掉的课本），墙壁上挂着经过当事人允许公开的明信片或者信件，外边书店桌子上装饰用的废旧圆形光碟闪闪发光。往里走是一个咖啡间，一个让人舒服的空间：不停息地播放着的淡淡的民谣，神情怡然的勤工俭学的临时店员，正在随便翻找书信、挑选各式明信片给未来的自己、亲人、朋友或恋人写一封信的顾客，以及那只睡得四脚朝天肆意酣然的猫小姐，还有不定期举办的有质量的文化交流活动和独立音乐演出。

另一位好友，大学毕业、考研、读博，然后北漂，一路下来，每一天都累成狗。好友与人合租房子，还因为工作的原因经常换房子，但好友是个爱浪漫的人，条件可以不优越，但生活要努力追求优质——

将用过的饮料瓶、酒瓶，洗干净，插上小草，树枝，鲜花，赏心悦目，芳香四溢，可谓一道美丽的风景。

手机里下载了很多的古典音乐、养生讲座、历史故事，然后设置成闹钟铃声，在不同的时段温柔地提醒自己起床、吃早餐、练太极、睡觉……梳理着自己的每一天。

会买各种高品质的小件家具。比如电动牙刷，把刷牙变成享受；大孔喷头，把一天的疲惫都洗掉；一副优质耳机，听高品质的音乐；一个烤箱，宅在屋子里的时候，既能自制烤翅，曲奇饼干，薯片，也可烤地瓜，烤馍片……备一把日式的小酒壶，偶有客来，还可以吃几片牛肉，喝几杯清酒，听一曲日式小调儿……

周末，会去大学图书馆蹭书看，用自己过期的学生证，或者借学生的借书卡。想去旅行的时候就随便买一张火车票，太远的地方不敢去，穷游。几年来也小有游历，在北京香山赏红叶，到西安尝小吃看兵马俑，游苏州逛山塘街，去科尔沁草原骑马……

不同的人生，不同的选择，似乎有金钱的影子，但似乎又关系不大。

不知是什么原因，很多过着小资生活的人不愿意承认自己是小资一派，很多骂小资一派的又很想过上小资生活。这真有趣。

有人说：小资喝咖啡；文艺青年喝茶；小清新喝奶茶，还要是珍珠的。小资走物质路线，装白领；文青走政治路线，装愤青；小清新走感官路线，装清纯。小资有钱有闲；文青没钱有闲；小清新有点钱有点闲。有人总结：小资是一种生活态度，文青是一种精神追求，小清新是一种个人心态。

弗洛伊德说，人都有吮吸的欲望。这在男性可能表现为抽烟和交谈，而雪茄则是男人的至爱，男人抽雪茄被认为是其最有男性魅力的时刻。有钱就抽好烟，没钱就凑合。在女人，则可能是唠叨和咀嚼，一杯咖啡，一个提拉米苏，一张最喜欢的音乐CD，或者一包零食，三五好友。

古人说：不为无益之事，何以遣有涯之生？可见，人的内心是都有精神需要的。曹丕在《典论》说：“一世长者知居处，三世长者知服食。”大意即是，一代为官的人家只知道住好房子，三代为官的人家才懂得穿衣吃饭。

肚子跟得上，脑子更要跟得上。从情调到情怀，小资不应该再是少数人的标签，而是一个社会物质生活丰富和精神生活富足的指向，更多的选择，更多的宽容，更多的认可，更多“无用”的从容。

有趣比有用更有腔调

很多时候，我觉得有趣比有用更有腔调，也就是有范儿。

前段时间在街上看到一老外Dave，绣了毛茸茸的松鼠，没有什么特别的针法，算不上栩栩如生，只是很有趣。见惯了纤纤玉手的绣娘，看到这个大老爷们儿做这个，平添一份对他的兴趣。

Dave本来可以回家继承船厂，可是，他喜欢绣这些玩意儿。用他的话说，做自己喜欢的事情与做所谓有用的事情相比，简直酷毙了。我问他，为什么不去多学习一些，比如说中国的苏绣，或是蜀绣之类的。他的眼里发出光芒，他认为中国的刺绣对他来说是了不起的艺术，不过，他还是热爱这种乱绣。

我曾想着，做一行至少要精一行。现在才知道自己还是浅薄了。做自己喜欢的事情，带着闲适的态度，顺便赚点小钱，有趣而又愉悦，Dave 喜欢这种生活状态。

一名青年旅行家在旅途中看到有位老人在贩卖漂亮的草帽，老人卖的价格不高，只是比原材料多那么一点点钱而已。在得知一个竹篮子只需要 5 元钱的时候，青年人立即看到了商机。他想要和老人签订 1000 顶草帽的订单。老人沉寂良久说，1000 顶的订单需要 1 万元。面对这种明显不符合市场规律的价格，青年人有些不明所以。老者解释道："我编制草帽只是因为兴趣，闲来没事的时候做得有趣，随便拿出一些来卖，也是分享，也是赚俩小钱。倘若我接了你这个 1000 顶帽子的订单，我就需要赶进度，闲适有趣的心情自然会受到影响，我的工作不再是乐趣，而是负担。所以，我要多收你一些钱。”这笔生意到最后自然是不了了之。

Dave和老人都应该叫作手艺人，还是不用心打磨自己技艺的手艺人。他们不把自己的技艺打磨到极致，变成有用的看家本领。他们做这个事情只是为了有趣。

在他们心里，“有趣”要比“有用”有腔调得多。那种从内心油然生起的闲适自在的感受，足以忽略技艺本身还存在的瑕疵……

我突然想到了萨贺芬。萨贺芬是法国稚拙派的女画家，也是位清洁女佣。她没有学过作画，最初的动机也是因为有趣——

“当我非常悲伤时，我就到野外，我会摸摸树，跟花、虫、鸟说说话，然后，心情就会变好。”意外的机会让她成了名，有了想要摆脱贫困的想法。萨贺芬如愿以偿，却又因为经济危机变得贫困。然后，她疯了。成名之前即使第一次世界大战爆发她仍然在作画，成名之后经济危机却使她疯了。我想，成名之前是因为绘画是个有趣的事情；而成名之后，绘画变成了有用的东西，不再有趣。“有用”让萨贺芬疯掉。

回过头来再看Dave的手绣松鼠，竟看出了拙朴的美感。王世襄先生说，“世好妍华，我耽拙朴”。我比较贪心，我喜妍华，亦爱拙朴。像眼前这幅充满童趣不甚精细的松鼠，让我不得不喜爱，喜爱它超越有用而强调有趣。

Merry
Christmas

美丽需要付出代价

无意中瞄了两眼近两年比较火的相亲节目，相亲的韩国欧巴是个整形医生，自称目测就可以看出一个人是否整容，更放言女嘉宾脸上动过刀子的就有20个人以上。不论真假，这的确是个令人恐怖的数字！

近几年，不要说是娱乐圈，就算是平常的百姓对于整容也不是太陌生了。这从一方面能够体现出我们的生活更加的富足了，能够有闲钱有闲情去关注美丽了。

只不过，我还没有勇气去尝试。和一个朋友谈及她整容的过程，她和我分享一次次麻醉之后，醒来自己变得更加完美的欣喜之情。整容于她，更像是魔法，一觉醒来，奇迹发生。我不无担忧地问她，虽然概率很低，但一次次的麻醉，你也不怕变傻？她倒是乐观得很，直接回我：宁愿变傻也要美！

她的整容之路在继续，我还是自己的老派作风：注意饮食、认真护肤、认真锻炼，当然也少不了美容觉和出门时的化妆。美丽当然是要付出代价的，整容需要承受不确定的危险，我的美丽需要保持惊人的勤奋和高度的自制。

比如护肤，清晨用水洁净皮肤，然后用爽肤水来二次清洁，再涂一层化妆水，然后精华、眼霜、面霜、防晒、隔离，彩妆，中间每一小时喷一次补水精华……我总是一丝不苟地去完成，基本上不会落下任何一个步骤。

我平时很注意饮食，我请了保健医生跟进自己的日常。每日的菜谱制定，每日的尿液检查，甚至精确的喝水时间和喝水的量，我都一丝不苟地去执行。当每天精神愉悦地绽放自己的美丽的时候，我总觉得身边有一束光，温暖而舒适。

没有一种成功是不需要付出努力的。美丽也是一种成功，一样是需要付出努力的。就像花朵，要开出花，开出令人心动的花，除了花的品种，还需要精心的照顾——了解她的习性，根据她的习性来光照，来浇水，来翻土，来施肥，甚至和她说话，让她听音乐。

冬日烹茶

今年的冬至，似乎特别的冷。旧日腰疾忽然毫无征兆地发作起来，疼起来居然满脸都是汗，我想我只能按医嘱静养了。

从冰箱里拿出牛奶，瞥见外面的阳光其实并不差，只是外面的气温却很低。每每在这样的天气出行，我马上就有一种置于冰箱里的感觉，阳光就是冰箱的顶灯，明亮却无力——我步履匆匆，但寒气不断袭来，继续行走下去我应该会变成冻肉。不过，这样的阳光在房间里刚刚好，让人感到温暖。

不如煮杯咸奶茶吧。仍然记得那日旅行到蒙古，舟车劳顿，腰疾突发，是蒙古大妈的那一碗咸奶茶，驱走了我一路的阴霾。一闪念间，也顾不上腰疾，先把铁锅找出来加水置于火上，然后撬取砖茶，煮茶，掺奶，加盐，并没有多久工夫就闻到了香气。煮奶茶是个技术活，茶汤滋味的好坏，营养成分的多少，与用茶、加水、掺奶，以及加料次序的先后都有很大的关系。煮奶茶讲究的是器、茶、奶、盐、温度五者相互协调。尽管我不精通此道，但是，烹茶的过程却让我心如止水，生出一种偷得人生半日闲的快乐，腰也没有那么疼了。阳光与奶茶，这也是冬日的另外一种享受。

许是自己太贪恋这种美好的心情而忘了时间，茶煮得有点过，入得口来，茶香味失了大半，温暖的感觉还在，美好的心情也没有受到影响。我喜欢美味的东西，却不挑剔。我知道美味的获取，需要操作者高超的技艺和美丽的心情。于我，高超的技艺不敢奢求，能够怀着美丽的心情尝试去做，收获自己劳动之后的果实，就足够了。

我想这或许就是我能够幸福的原因——我不断追求，却从不希冀获得不经过努力的幸运。我付出多少，收获多少即可，少收获一点点也没有关系。于烹茶就是如此，我从来算不上精通此道，因为不能把精力放在这上面很多，我只是享受烹茶的过程，自己的心可以安静下来，体会这“苦静凡放”的禅味，温暖自己，继续出发。在这个遵医嘱的日子里仍然可以“收之桑榆”，顿感阳光正好，岁月温和。

生生不息的生菜

1

如果可以，我愿意把日子过成诗。

读到一句话，特别戳心：一个人只有具备审美能力，才能在艺术中获得享受。没想到这么唯美的话居然是马克思说的，和他老人家难得有这种心服口服的默契。

家是一个女人的道场，女主人有什么样的审美层次，直接决定了一个家庭的布局模样和精神高度。

我理想中的家，应该是这样的。要有花和绿植覆满屋檐，冬日疏影，夏日浓荫；要有流水淙淙，穿过门前，能映出夕阳下的彩霞，晚上的明月；要有家人亲友相守，能分享容忍我的喜怒无常，默契感知每一个细小美好的瞬间。

时间充足的时候，一定要自己给自己煮粥吃。就像《红楼梦》里的林黛玉那样：“每日起来拿上等燕窝一两，冰糖五钱，用银铫子熬出粥来，若吃惯了，比药还强，最是滋阴补气了。”但更多的时候，可以自制一些虽用料普通却有效的养颜美容汤，用银耳、杏仁、玫瑰花、枸杞子、桃胶、红枣、冰糖等煮在一起，然后用青瓷碗盛了，细品慢尝。

那粥里，有一股子生活的绵长。

2

某个雪压枝头的清晨，接到一位女友的电话，人在欧洲，被那些美如画的风景和人文特质感动到哭，急欲找人分享，说，世界那么大，真该去看看。倾诉完之后，见我无感，问我躲在哪儿享清闲，新疆还是北京？

我告诉她，在家，还没吃早餐，准备做沙拉，正打算去拔自己种的生菜。

遥远的惊讶声传来，纵使隔着万水千山，我也能感觉到女友难以置信的口气。

她当然不知道，我会在厨房的阳台上面种生菜，而且已经颇有心得。

种子要撒得密一点，看着花盆里光秃秃的土先是钻出一个个针眼大小的绿芽，然后慢慢绽成两半，不几天，扑棱扑棱，密密麻麻地挤满了花盆。

曾经有相熟的友人说，你那个花盆好像沈万三的聚宝盆，我每次来，里面都长满了生生不息的生菜。

我笑一笑，心里想，那是当然。

天气好的时候，我会打开窗子，让阳光无遮挡地照进来。浇水的时候，我会跟她们说说话，告诉她们要乖，要听话，要好好长、好好长啊。那些家伙们听了之后，仿佛得到指令似的，一个个支棱起来，叶片的气孔开得更大，贪婪地吸收着阳光和二氧化碳，越来越多的有机质让她们愈发绿油油的可爱起来。

通常只要一个月的时间，就长出来了。真正要吃的时候，拣比较成熟的先拔着吃一部分，后面的会更加茁壮地往上长，很快便填补了原来的空白。

3

有时候我会迷恋一切无形的力量。就像与植物对话，我相信看不见的事物蕴含着可能更加强大的力量，比如声音和气味。

一个人的时候，过午醒来，会干一件事情，傻傻地，有点调皮，有点文艺。特别喜欢听下雨的声音，便会把在美国时候买的声效机拿出来，调出下雨天雨滴下落打在房瓦、窗台、地面上的声音，一下一下，滴答滴答。

找出珍藏的香水，比如气味图书馆里雨后花园的那一款，喷到抽屉里面，喷到床上，喷到窗户上。于是，早春的待开的花，鲜嫩的芽，四月的雨，惊蛰后的泥土气息，混合着湿润的空气扑面而来，那种富有层次感和情境感的气味，青涩而柔软，我便拉上窗帘，微闭双眼，仿佛外面正在下雨，而我置身其中，物我两忘……

有人说，耽乐于每一个清晨、每一个黄昏、每一朵花开、每一滴雨落的女子，内心一定充满了热爱，而那些生命中波澜壮阔和金戈铁马的辉煌，以及逼仄疼痛和不忍卒说的落寞，早已云淡风轻。

家

About Family

姥 姥

1

姥姥今年八十岁。

姥爷在我出生那一年去世，到如今算来，姥姥守了二十八年寡。

他们是娃娃亲。姥姥有时候会跟我讲起她和姥爷的感情故事。我问她，你们之间有过恋爱吗？

她就眯起眼睛，似乎陷入回忆里。她说，结婚之前，我偷偷地看过他一次。他那个时候在秧歌队里踩高跷。我站在人群里，踮起脚尖，看到他踩在高跷上，摇摇晃晃，一会儿觉得很好玩，一会儿担心他掉下来，一会儿又怕他和别人瞧见我在看他。

结婚的时候，你姥爷给我娘家拉了一车麦子，算是彩礼。从此以后，我就进了你姥爷家的门。姥姥说这话的时候，半真半假的委屈中带着几分幸福。

婚后，姥姥很快怀了身孕，是个女儿。姥爷在外地当兵，姥姥去地里干农活。孩子小，就交给她的婆婆，也就是我的太姥姥照看。那个时候，她的婆婆抽大烟，有时候烟瘾上来，顾不上孩子，就让孩子自己满院子爬。

那时候的农村，家里都有那种很大的水缸。有一天，出事了。孩子爬进水缸，淹死了。

姥姥伤心欲绝，哭得呼天抢地，死去活来。那时候，农村有一个习俗，没过周岁的孩子如果夭折不能埋，不能入坟，要扔到野外去让狼啊狗的吃掉。

姥姥几乎垮了，自己的丈夫又不在身边，争吵、埋怨……委屈应该是有的，但更多的是心痛。

因为伤心过度，姥姥变得体弱多病，年轻时落下的病根跟了她一辈子。后来在我妈妈几岁大的时候，姥爷复员回家。那时候姥姥已经有了三个女儿，妈妈排行老二，还有大姨和小姨，姥爷对姥姥和自己的几个女儿都很好。虽然是军人，但孩子们都愿意和他玩儿，就是他身边一直睡着三个女儿的那种。但家里面有鸡蛋或者肉什么好吃的，一定是姥姥先吃。

那时候全国都在搞“割资本主义尾巴”运动，农民连鸡啊猪啊都不让养。为了姥姥，姥爷自己会偷着养一些兔子或者狗，养大了就宰了给姥姥吃，或者偷偷拿出去换点钱，给姥姥买些营养品补一补。

在养这些家畜的过程中，因为缺乏防护措施，姥爷染上了肝包虫病。放在今天，这根本不算什么不治之症，但是因为当时医疗条件落后，加上违反规定，得病后又不敢大肆声张，姥爷在他 50 岁的时候就因为这个病去世了。

姥爷去世后，姥姥坚持没有再嫁。

2

我和姥姥感情极深，因为我是姥姥一手带大的。爸爸是警察，工作忙，有时候会到外地出差，所以，我跟妈妈住在姥姥家，但是妈妈也要上班，大部分时间，我都和姥姥在一起。

虽然那时候物资匮乏，但是我是周围所有孩子中间穿得最好的一个。因为姥姥的手工活好，她会自己做盘扣，自己做旗袍，她还会做皮衣、皮鞋。我小时候穿的皮鞋都是她做的，就连小时候吃饭戴的围兜，姥姥都给绣了花。有些小猫小狗的造型，她会先画下来，再拿线蒙在纸上绣。

姥姥家在皮革厂里，我就住在姥姥家那种连排的平房里，那时候没有热水，但她每天都要给我洗澡。姥姥家有一个特别大的盆，比我现在用的浴缸还要大，我猜想应该是洗皮子用的吧。每天，她会早早放一大盆水，然后在院子里面晒。

那是盛夏的新疆，我午睡后起来，便会整个人泡在里面。午后的阳光把水晒得很热，甚至充满了太阳的味道，姥姥给我搓澡，梳小辫儿，蜻蜓和蝴蝶扑闪着翅膀，耳边萦绕着嗡嗡的声音，那个场景，我一生难忘。

步入社会后，经历过各种各样的事，见识过形形色色的人，有时候在外面受了委屈，觉得自己撑不住了，想起林黛玉《葬花吟》里的那句诗，“一年三百六十日，风刀霜剑严相逼”，便格外想念小时候姥姥给我洗澡的那一幕。而那个大盆，和那盆充满了阳光味道的水，一直温暖着我的生命。

3

姥姥的生活非常简单，也很自由，她对自己的子女从没有过特殊的要求。

我小的时候学钢琴，稍大一点，到十五六岁的时候，在上学之外，自己兼职做模特，主要是表演和平面拍摄等，每次赚到钱都会给姥姥。姥姥也不推辞，说帮我存着，给我买嫁妆。

姥姥年轻的时候性格很犟。姥爷去世五周年那年，姥姥得了一场大病，切除了整个子宫以及三分之一的肠和胃。那场大病以后，参透生死的姥姥，性情开始变得温和，她慢慢喜欢上在教会里唱歌，她很喜欢唱诗，有时候她会拿回谱来，让我用钢琴给她弹出来，她在旁边轻轻地唱和。阳光透过玻璃洒在四周，或者是夜幕降临，歌声在摇曳的烛光中飘扬，我仿佛谦卑地坐在天堂之下，充满着对神灵和生命的敬畏……

后来上大学，有一段时间，我住的宿舍挨着卫生间，被褥都受潮，夜里睡觉，还要忍受水流哗哗的杂声。有一次，我无意中跟姥姥说起这件事，她觉得这样对一个女孩子的身体不好，就把家里一直舍不得用的狗皮拿出来，缝了一床狗皮褥子。后来我晚上铺着这床狗皮褥子睡觉，冬暖夏凉，果真好多了。

工作以后，见姥姥的次数也少起来。每次见到她，她就总说想我。实在想，但又不敢给我打电话，怕我忙，怕我有的时候在开车，有的时候在开会。夏天的时候，她在我爸妈的院子里给我种菜，每天早上起来都要数一遍，玉米有几个，西红柿有几个，都要一一点清楚。如果哪天她发现少了什么，被禽鸟破坏或者被人偷偷摘走，会一个人沮丧很长时间。

有一次，我给她打电话，她提到给我做的鞋垫，我说我一直在用。她便高兴得像个小孩子，邀功似的，说还要给我做最暖和的鞋垫，绣最好看的花。我说，那多费眼睛呀，而且你已经做了好多，我还有得用呢。

她说，我要在我走了以后，这些鞋垫也够用。

听到这话，我捂住话筒，眼泪无声地流下来。

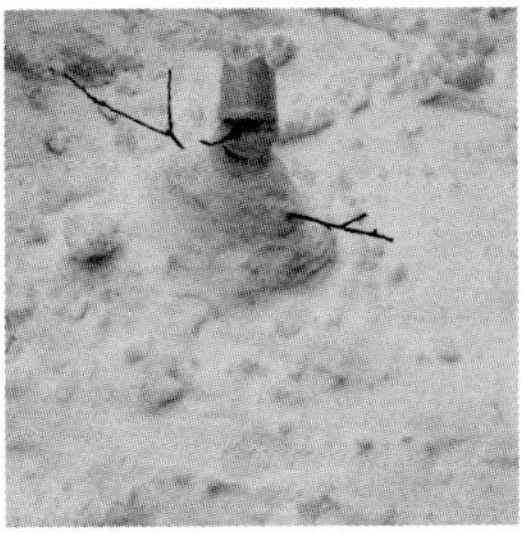

童年拾趣

长大以后的我从来不敢去相信，小时候的我是如何的任意妄为，不计后果。而小时候的我从来都相信，长大以后的我，仍然会无忧无虑，出类拔萃。童年真好，可以眼里心里都是自己，如今长大，要顾忌的人和事太多，难免就失去了淋漓尽致的快乐。

小时候，我是唯一的小公主。所以，不是我屁颠屁颠地跟着大表哥小表哥，而是他们宠我到了极致，出去玩，众星捧月似的。唯一能威胁到我这份宠爱的，是大表哥的小女朋友，那个叫佩佩的小女孩。大姨、姨夫和佩佩的父母私交甚好，他们想要以后成为亲家，所以，半是玩笑半是认真地定下了这份娃娃亲。

大人的世界我们不懂。对我们来说，佩佩无疑是个入侵者。有了佩佩，我们爬个树，偷个瓜，无疑就有了告密者。她就是大人安插进我军的间谍啊！不能来硬的，直接拒绝佩佩的加入是大姨、姨夫不允许的。那么，只能让佩佩知难而退。革命的友谊需要革命的考验。于是，我们拿来了家里过期的胶囊、辣椒粉、盐和胡椒面，做了一碗有着奇异味道的汤。药粉的苦，辣椒的辣，盐巴的咸还有胡椒的麻……我把我们当时害怕的味道都融合到了这一碗汤里面，这是我现在的智商都不可能完成的任务。当我们把这个自制的秘密武器呈现在佩佩面前的时候，我共情地感受到革命战士英勇斗争、不怕牺牲的伟大情感。佩佩喝了。她喝了，为了打入敌人内部，为了我亲爱的大表哥，她喝了，眉毛都没皱一下。这一度让我怀疑这个汤是甜的，当然我没有傻到自己去尝尝这个味道。

夜里，佩佩开始拉肚子。这是我们没有预料到的。那个时候我是真的有点害怕了。小孩子总是调皮，喜欢整蛊，没想到会有伤害。幸好没有大的意外，要不然“就义”的可不只是佩佩，还有我们仨！

另外一件能够证明我和大表哥小表哥革命友谊的是玩炮。每个春节，是“小子玩炮，姑娘插花”的时节。我是可以一边插花，一边玩炮的，这当然是因为我有两个疼我宠我的表哥。别看我小，其实我才是这个团体的灵魂人物。等人群来了再甩响爆竹，这是三岁小孩玩的，我们四岁了，自然不玩这种低智商的游戏。我们可以这样：把爆竹放易拉罐里面，那么原来的“嘭”就变成了“嘭——嘭——啪”，或是把爆竹放在冬天的大白菜里面，伴着有一些哑的“嘭”，菜叶子就来了个天女散花。

炮仗的威力真的很大，我们去寻找各种硬的物件来检验它。有一次，听到姨夫说鸭子的嘴硬。于是，我们仨想着：该如何检验一下呢？抓鸭子这个事难免有点劳师动众，更重要的是容易暴露目标。最后，我指挥大表哥把爆竹芯的火药抖掉，再稍微沾湿一点导火索——这样可以让导火索燃烧得更慢一些——之后我们把这个丢给鸭子吃。爆竹到鸭子嘴里的时候刚好爆破，鸭子痛得拍着翅膀乱窜，我们仨就抻着脖子使劲看鸭子的嘴是不是很硬，爆竹能不能炸开——看到鸭子的嘴豁了。大表哥和小表哥就一人拽着我一只手赶紧逃走。停下来的时候，我都能听见我的小心脏，怦怦地跳……

小时候玩起来总是那样没有深浅，想法也是千奇百怪。虽然和大表哥小表哥在一起着实没干什么好事，但那个时候结下的革命友谊却牢不可破。现在的我偶尔也会有些鬼马精神，但首先想到的是会不会让别人不舒服，会不会造成什么不好的影响——我似乎是越来越得体，越来越懂事了。

灰眼儿和喵儿

灰眼儿是我小时候养的狗，喵儿是我小时候养的猫。灰眼儿是眼神不好的意思，叫他灰眼儿是因为我们以为他的眼神不好，因为即使是我，也是走到他面前他才不叫。喵儿性子凉薄，叫声总是怯怯的，除了和我亲近，见了人一概蹿走。他俩相隔几天到我家，都是被遗弃的，来到家的时候都是脏兮兮、半死不活的。

那个时候的猫狗不似现在这么金贵，人似乎也没有宠物的概念。因此，没有太多的惊喜，只是顾着那是两条生命，遇到了就带回家，找个纸箱子放进里面，吃什么就嚼点什么给他俩喂下去，竟也养活了。再大点他俩就经常和我一起睡，一左一右。只是我睡觉不老实，经常不是压着这个就是压着那个，他们会把锋利的指甲藏到肉垫子里推我，一觉醒来时，他们常常转移到我的头附近，我指不定还抓着谁的尾巴。

小时候的我是个和猴子在一起都会把猴子脸挠破的主儿，经常带着他俩疯跑，偶尔捉弄他俩，他俩也不恼，虽然对我也推也咬，却从没有挠破咬破过。后来慢慢长大，他俩越来越亲密，性子却越来越不同。灰眼儿最爱吃糖，食量也越来越大，闲着没事不是瞎叫唤，就是追着自己的尾巴玩。喵儿凉薄，虽然吃得不见多，肚子却经常鼓鼓的，每天踱个方步，只同我和灰眼儿玩，见了别人爱答不理。灰眼儿和喵儿每天会送我上学，等放学的时候，喵儿就不知道跑去哪了，只留灰眼儿一个守着我。不过，吃晚饭通常会见到她。我妈说，她是因为逮老鼠所以吃馒头吃得少了。可是，猫捉老鼠不是应该在晚上吗？睡觉的时候通常她也在啊。或许我睡着了她会出去，那我就不得而知了。而我作为他们最亲近的人，从来没有想过这个，反正她吃我就喂，她不吃我也就不喂了。每天到了家我就用心地跟他们玩一会儿，这个成了那段日子主要的生活内容。

有一次，喵儿隔了好几天才回家。见了她，我就忍不住教训她几句，之后赌气没和她玩。第二天早上她死在了水缸里，发现时身体已经僵硬。我不知道为什么会这样，我没有哭，也没举行什么葬礼之类的，是我妈把她给埋在公园里的一棵树下。

即使近二十年过去了，我仍然记得那天发生的所有事情。

喵儿被捞出时候的样子，那天家人们的一举一动，至今历历在目。我只是奇怪，为什么我的心不疼呢？我只是不愿意和别人说话了而已。埋喵儿的时候灰眼儿不知道去哪儿了，我也没有找灰眼儿的念头，我没有吓傻，也没有过度的悲伤，我也没有想要做些什么送一送我的喵儿，就是由着我妈埋了她，然后跟着我妈回了家。

隔了半个上午，快要吃饭的时候，灰眼儿回来了，叼着喵儿的尸体。这个举动着实吓坏了我妈，也感动了我妈。而我却像个局外人一样，只是看着，异常清醒地看着。我妈把喵儿从灰眼儿嘴里抢过来，然后安葬，灰眼儿没有阻挠。只是，隔了没有多久，灰眼儿又叼来了喵儿，爬上了我们常去的小屋顶，我也爬了上去，就那么沉默地陪着灰眼儿坐在那儿。我妈去找我俩，灰眼儿就叼着喵儿换个地方，我就也跟着去。之后的三天或是四天的光景，我和灰眼儿一口饭一口水都没动。有人靠近我们，我们就换个地方；没人靠近我们，我们就坐那不动。那时候天气并没有特别的冷，喵儿却只是僵硬，没有异味。

然而，灰眼儿却死了，就在第四天或第五天的清晨。我不知道他为什么会死。我和他一样没吃没喝，我没有死，他却死了。他或许是饿死的，或许是因为心痛而死。而我，没有觉得悲伤，也没有觉得饿，很精神，就看着我妈把他俩安葬在一起，不流泪，不说话。然后，开始吃饭，继续学习，似乎这件事情从来都没有发生过，只是，不允许家里再养狗或是养猫了。

很长一段时间里，我会忽然记起那几天发生的事情，包括那几天有谁说了什么话。可是，我却忘了灰眼儿的眼神和喵儿的眼神。我只记得我们仨坐在屋顶，不管谁靠近都想躲开。我不太明白当时我为什么是这样的反应。直到十几二十年过去，我才明白，灰眼儿不是真的灰眼，他是因为叫一声要给自己壮胆，喵儿不是真的凉薄，她是因为怕失去所以索性要得少。而于我，也许，有些孤独无须陪伴，有些难过还没学会心疼。

灰眼儿和喵儿，我想你们了。

我的“完美”童年

朋友家的孩子豆豆和我成了忘年交，她总是缠着让我讲讲我小时候的事儿。我想起了郝完美，我的童年就是郝完美的好完蛋和好臭美的童年。

喜欢独立思考的小孩，常被叫作怪胎；喜欢发表意见的小孩，常被说是捣蛋；喜欢躲在角落的小孩，常被说是孤僻；喜欢站在舞台上的小孩，常被说是爱现。小时候的我就是这样，做什么也都是不对的。

终于到了上小学的年纪。从姥姥和大表哥小表哥的无尽宠爱中走过惬意的幼年，我懵懂地走进了我的“完美”童年。午后的阳光温和且没有杀伤力。而我那时长着一副正午太阳的面孔，漂亮得有些刺眼，这深深地刺痛了别人的心。于是，我不会扎头发，松散着把头发乱抓一气，老师说我爱现；我换个头绳，老师说我作妖；我做广播体操，男孩子起哄学我做操，老师说我影响公共秩序；我只好躲在角落里，老师和同学说我孤僻……

我不知道该如何面对这些。我是有着完美面庞的小女孩，我的所有行为却因此而变得不完美。人人说，平凡的孩子只能更努力。其实，很多的时候不是，因为平凡，因为是“弱者”，你总是能得到别人的同情。事实上，漂亮的小孩才需要更努力，因为人人觉得因为你漂亮就会拥有更容易的人生，所以，大家更愿意看你摔个大马趴。

我不知道该怎样面对这些。小小的孩子被孤立在角落，不能去做广播体操，不能去参加植树活动。周围人来人往，我却是一个人背个大书包走在回家的路上。同学就在我身后几步远，但她们并不和我亲近。她们走一路说一路，偶尔说到我的时候还故意提高嗓门，“你看你看，她走路一扭一扭的，怪不得老师说她是个妖精。”我不作声，却不知道该迈哪一条腿。“你看你看，她还顺拐，是故意和咱们不一样，想吸引别人的注意力吧？”终于走到岔道口，我停下来，转过身，我说：再见。然后，我装作若无其事的样子，走回了家。

所以，直到现在想起童年，让我更多的是困惑，是不知所措。这就是我的“完美”童年，和豆豆的想象完全不一样。

但这样的童年让以后的我更加的完美。我从小就知道要做自己，坚持自己，对别人或善意或恶意的想法可以一笑了之。我不用活在别人的世界里。不记得谁说过：能够不以别人的标准而活着的人，才能够获得真正的自由。对此我深有体会。那个时候并不知道这句话，但我被迫认识我自己，告诉自己，不要活在别人的标准里。

每一次对自我的认知都是痛苦的。不要害怕完美，也没有所谓的完美，因为完美是没有止境的。我们只需要不断地认识自己，顺其自然，正如加措活佛所说，一切都是最好的安排。我想那个不完美的童年也是我最好的安排。因为没有它，我不可能如此坚定地走自己的路。

四季吃食

人的幸福感可以来自很多的地方，但食物带来的幸福感是每个人无法拒绝的，何况我还是贪嘴孩童的时候。谈到四季，我首先想起的是春日里绿油油的青菜汤，夏日里浑圆的西瓜，秋日里的大丰收，冬日里的冰糖葫芦——就着斜阳吃一串糖葫芦，吃完后，吧嗒吧嗒嘴，喝一口白开水——那种有着刚好烫嘴温度的白开水，可以一下子喝一满口——然后细细地咽下去，可以微微感受到烫过嗓子的温度，那种满足的温暖就在全身荡漾开来……

一碗青菜汤

小时候，还没有这么多反季节蔬菜。春天的记忆就始于寻找谷荻的印象。满地的茅针，从冬天时被烧光的白茅草下面冒出来，我们去采摘，小小的手满是黑黑的灰烬，嘴里是白得发亮的甘甜的茅针。谷荻争先恐后地往高里蹿，紧接着冒出来的就是青菜了。

一棵棵青菜排列整齐，满眼的绿，水灵灵的，从地里掰下来的时候还可以听到清脆的声音。简单地冲洗一下，只需要少许的盐巴，就可以做一碗美味的青菜汤。

就是一碗很清很清很淡很淡的青菜汤而已。但它真的可以唤起你的味觉，尤其是经过了一个冬天土豆白菜的蹂躏变得有些麻木的味觉。那是一碗几乎没有什么佐料、干干净净、一尘不染的汤水，清可见底。上面随意地飘着几片叶子，叶片缓缓地舒展着，闲云野鹤般的悠然闲适，旧式女子裙裾般的飘逸潇洒。菜叶是那种鲜活水灵的碧澄澄的颜色，映得一碗汤都漾着盈盈的绿意，晴朗而温和。盛汤的若恰是一只温润而细腻的白瓷碗，那么，那种矜持、晶莹的颜色会忽然让你有一种不忍下嘴的感觉。

——整碗汤氤氲着亲切平和的微热的水汽，宛若一名很纤细、很清秀的少妇，身穿一袭印着小绿碎花的旗袍，圆润而乌亮的发髻贴在脑后，髻上斜斜插了一根玉簪子，很普通的样式，可是，也是沉沉的绿色，默默地讲述着一个尘封了很多很多年的故事——这温润、淡泊的绿色，滑入喉咙，是甘甜的满足。

半个西瓜

夏日，偷偷跑出去玩水是最令人向往的。不是只有沁凉让你醉心。赶上哪天晒稻谷，你可以把赤着的双脚埋在谷子里，很烫脚，却有意思得很。这个时候如果再来半个西瓜，就会品出无比美妙的清凉。

夏日的中午是安静的，只有老式风扇的声音，满身是汗的孩童对着风扇头一阵猛吹，对着风，鼓起嘴，发出哇哇的叫声，声音被风扇扭曲，变得像海螺在耳畔的声音。这个时候，母亲通常会满脸宠溺地塞半个西瓜到我手里。西瓜是被凉水泡过的，冰凉冰凉，然后，你就可以开吃了。赤着脚，只穿着背心，用勺子划一个弧，一个圆球就出现了。中间的那块最是香甜，用舌头把整口西瓜压扁，很多西瓜汁一起冒出来，叫人眉开眼笑。然后，一边任汁水流得满胳膊满腿，一边用勺子捣出一块块，把籽剔掉。然后，把整个头都埋进去，往往吃得浑身都是西瓜汁，然后打着饱嗝，跑出去看稻谷。不管怎样，夏日正式开启的日子，总是从第一口西瓜开始的。

一锅“大丰收”

我终是觉得，颜色最为绚丽的季节是秋天。我不知道为什么会有这样的认知，可能是因为，只有到了秋天才会有一锅出的“大丰收”。记忆中晚上的一餐，就在打开锅盖时看到的五颜六色——金灿灿的南瓜，白亮亮的番薯，颗粒饱满的玉米……随手拿一个，一边倒手，一边摸耳朵，希望这刚出锅的丰收不会太烫。吃南瓜要边吹边吃，这个东西最容易烫到嘴巴，最好不要把果肉和墨绿的皮分开吃，要一并咬下去，伴着欢快的咯吱声，香甜的皮和软糯的肉一并下肚，这才会有满足感。吃番薯也是要边吃边吹的，而且要在吃南瓜之后。番薯要比南瓜甜，留到后面会更加明显。如果是黄瓤的番薯最好是顺着它的纹理吃，如果是红瓤的，那最好是从外往里吃，最好是能吃出一朵花来，不过这需要很大的耐心。吃玉米要插一根筷子，然后开始一圈一圈吃，玉米根部虽然颗粒饱满，但是却没有头上香甜。入夜，银色的月光泻下来，这个是吃石榴的绝佳时刻。石榴籽挨挨挤挤，有一些颗粒饱满红润，有一些白而小，水份和味道都不太一样。把石榴小心分成几瓣，手上拿一瓣，籽一粒一粒地剥下来，嗅着隐约的清香，用牙齿咬破它的衣裳，然后轻轻吸一下，把剩下的种子洒落开，等鸟来吃……

冰糖葫芦

冬日里，总是有很大的雾气。村子里八十多岁的老模范始终不肯跟着他城里的儿子去享清福，有时候会扛着插满了冰糖葫芦的稻草靶子满村走。那一句“冰糖葫芦咪——”叫得中气十足，让人难以相信他已经八十有余。那个时候，只要听见他最后“咪”的长长尾音，我就觉得他在召唤我——来啊来啊！

等拿到了冰糖葫芦，我却不忍心下口，舍不得破坏它的精致，一个劲儿地看啊看啊……白汪汪的糖浆裹着火红的山楂，洋溢着令人爱怜的生动和喜悦。热闹的红色殷勤地温润着我的眼睛，丰美的曲线会令人想到很多同样美好的东西，比如燃着半截残烛的红灯笼，或是刚长出来的极小极小的西红柿……看哪，这美丽的冰糖葫芦，它冷艳中又透出亲切，恰如那繁华而古旧的春梦，让整个冬天变得别有风情。你一口咬下去，可以将一整个裹着糖浆的山楂都放到嘴里，不要等到糖化掉，直接就嘎嘣地咬，糖的脆甜裹着山楂的酸伴着口水咽下去，那真是再美妙不过了。

家是一个不讲理的地方

小时候在家，最喜欢吃妈妈做的油饭，也就是新疆的手抓饭。那味道，想想就会流出口水——米粒颗颗分明，不太腻，却很香，是那种令人精神一振的香味。但每次吃油饭，我总不能尽兴，当我回头吃第二碗的时候，都被妈妈喝令回去，“只能吃一碗！你已经吃饱了，不能再吃！”刚开始我还可怜巴巴地看着她，后来直接放弃抵抗，心里犯嘀咕：这到底是不是我亲妈！

我高中的时候在北京学习专业课，再没有老妈的严令，我却从来没有多吃过。我开始知道为自己负责：饮食节制，不仅仅是因为身材，也为了健康。忽然一夜之间我长大了，原来需要大人耳提面命的道理，我一下子全明白了，并竭尽全力去做。我一直以自持而自豪。可再次回到家，妈妈不许我吃第二碗油饭，我还是会习惯性地气恼。别人的妈妈怕自己家的娃吃不饱，我妈老是怕我吃多了！在外无论遇到什么事情我都不曾流泪，现在我却为了一碗油饭掉下了眼泪。我心里虽然明白妈妈也是为了我好，但我就是无法放下这碗油饭！油饭已经上升到我妈到底爱不爱我的高度！虽然我知道妈妈是爱我的。

按理说，节制饮食，这件事情无论是在哪里都应该好好遵守。可是，在家的时候，我却有点任性。很长一段时间我觉得我的爱是来自姥姥，那个对我宠溺到没有原则的慈祥老人，而在姥姥面前我也会变得懂事。道理其实我明白，可是家就是一个讲情而不讲理的地方，更多的时候，我需要的不是说教和规范，我更需要的是理解和关爱。

我偶尔多吃了几口油饭，我不会因此长胖，也许我只是想怀念一下妈妈的味道，享受一下妈妈的爱和家的温暖。我原来觉得有些小孩子是“窝里横”，对待自己父母怎么能如此地不懂事，在外面却装出一副懂事乖巧的样子。但现在的我看来，这些小孩何尝不明白道理，只是用另外一种方式向父母撒娇罢了。年近四十的女人还保持着孩童的心性，不是因为她装嫩，而是因为她曾经和现在都沐浴在爱的春天里。

家就是一个不讲理的地方，因为它讲的是情。

所以，我觉得父母大可不必认为偶尔的宠溺会让自己的孩子走上歪路，大可不必害怕孩子偶尔的任性会发展成嚣张跋扈。孩子会长大，你们的言传身教会影响他，很多道理这个社会会一点点教给他。你只需要给他爱，爱会让他勇敢，让他自己变得健康而强大。

家不就是这么个地方吗？被宠溺，被理解，被原谅，被包容，然后整装出发，去往更远的地方。

妈妈，请再给我添碗油饭，好不好？

因为懂得，所以拒绝

家

1

春节前几天，闺蜜的狗病了，奄奄一息。

她知道我不养宠物，向我诉苦。她说，有一天她逛宠物论坛，看到有人发帖子求助：

临近年底，女主人的狗得了狗瘟，因为是病狗，不能带上飞机和汽车，火车也不肯托运，联系了宠物医院和托管中心，没人愿意接收，又不想麻烦朋友，所以，就打电话给父母，问可不可以过年不回去，在这里照顾它。父亲说，你过年要是不回来，就说明我和你妈在你眼里还不如一条狗，那就永远不要回来了。

闺蜜在北京上班，老家在云南，直线距离两千公里。她说，以前我特不理解，以为病的是人，而不是狗。没想到，如今这么狗血的事情居然发生在自己身上。为了一只狗，竟然落魄到发帖求人的境地。

闺蜜说，你别误会。我不是那个意思。

我说，没事儿，我知道。

我到底没有帮闺蜜这个忙。

2

其实她不知道，我也养过宠物。

我很小的时候养有一只狗，叫灰眼儿。灰眼儿后来死了，家里又养了一只狗，叫丽丽。在警犬所出生，是一只德牧犬。她敏捷、忠诚，侦测能力极强。那只狗跟我们的感情特别深。有一年，我们全家出去旅游，大概一个月左右的时间。商议良久，我们决定把狗寄养在朋友家。

从进朋友家门开始，她就不高兴地低声呜呜。朋友倒是挺贴心，好酒好菜地招待着。奈何狗不买账。

第一天，没有进食。

第二天，没有进食。

第三天，奄奄一息。

第四天，绝食而死。

都说狗通人性，忠臣不事二主。丽丽是警犬的后裔，身上有一股子劲。她以为，我们不要她了。她的忠诚、伤心、倔强，最终要了她的命。

有很长一段时间，一个人待在家里，觉得家里到处有她的影子，空下来的时候，脑海里闪回着她和我们嬉戏打闹、追逐跳跃的温暖片段，怎么也难以接受她的离去。

从那以后，我发誓再不养狗。

3

后来不得已，又养过一只。

年轻时候轻易说出誓言，不知道在未来的哪一天，就会被打脸。

严格说，那是爸妈养的狗，可能是我经常不在身边，爸妈把狗当自己的孩子养，算是他们的寄托。他们给她取名叫阿福，寓意显而易见。

后来，家里有事。爸妈吸取了上次的教训，毕竟是一条生命。最后，一致把目标锁定在我身上。

那时候，阿福才两个月大，我把他放在洗衣房里。因为很长时间不养狗，加上阿福的防疫针还没有打全，我小心翼翼地照看着他，同时避免他把家里弄得一团糟。我专门准备了一个盆，里面盛满了消毒水，隔一段时间，就拿消毒水擦洗衣房的地，抱完他以后，我也会拿消毒水洗手。

长时间处于消毒水的气味之中，就像把人放进医院的氛围中一样，阿福过得很郁闷，不吃狗粮，也不吃饭菜。

祸不单行。

冬天，可能是夜里着凉，阿福开始拉肚子。我给他弄来一个狗垫子，铺在瓷砖地上。拉肚子以后，阿福的后腿发软，站不起来。但他特别懂事，两条前腿拖着后腿到瓷砖上去大小便。后来怕阿福在地上着凉，我便把自己的暖手宝给他用。暖手宝起初比较热，有时候会烫得他吱吱叫，但散热快，一会儿又不热了，阿福的被窝复又冰冷如初。

我又想办法。把矿泉水瓶灌满热水，再找出穿过的棉袜，把前端剪掉，套在阿福的肚子上，每睡两个小时，起来换一次热水。心里想，果真是连亲爹亲妈都没有享受过这样的待遇啊。长时间不进食，再加上拉肚子，阿福开始变得低血糖。

不得已，带他到医院，大夫说需要做手术。可是阿福太小了，本来就只有两个月大，加上不进食，又生病，瘦得像一只老鼠，经不住手术带来的风险。

阿福住院了。

有一次，我去看他。他特别虚弱地躺在那里，我把他的头托在手上。阿福感觉到我来了，特别用力地睁开眼睛看着我，眼里面布满红血丝。他两眼定定地望着我，泪如雨下。大夫说，阿福很坚强，做手术甚至是打特别痛的针，他都没有掉过一滴眼泪。我本来就心中难受，大夫这么一说，再也没忍住，失声哭了出来。阿福却发出呜呜的声音，安慰我，好像是说，你别哭了。那一刻，我的心都快碎了。

阿福最终没能挺过去。

那是我养的最后一只狗。

曾经因为失去陪伴多年的丽丽而难以释怀，本想通过喂养阿福占据心中空荡荡的地方。但是，在经历生离死别时，眼睁睁看着他在痛苦和绝望中硬扛，坚强又脆弱，那样的悲痛，无法救赎。

张爱玲在《倾城之恋》里写：因为懂得，所以慈悲。

我只想说：因为懂得，所以拒绝。

爱

A b o u t   L o v e

痛了，自然会放手

楼下的车灯一闪一闪，我知道S先生还没走，我关了灯，把自己隐匿在黑暗里，想要把他最后的一点希望也掐灭。

关了灯，却忽然发现眼前出现的是他那双放肆无忌的眼睛。我也希望自己有一双这样的眼睛，我也为爱勇敢一次，那一刻我甚至可以闻到他身上的那种野兽的气息，充满攻击和青春的味道。

只是，就像读一本书，知道了故事的结局，中间的情节再精彩，你也找不到当初读它的那份心情了。尽管年岁和S先生相差无几，我们看到的景色却并不相同。心灵的成长和年岁无关，它取决于你的经历、你的思考还有与生俱来对这个世界不同于他人的感知，或者我们称之为灵性。抑或是，我说的这些都是借口，唯一的原因是没有了心动。

既然给不了他承诺，我宁愿决绝地拒绝。爱过了，痛过了，放手了，才能开始新的生活。

有时候，不能放手是因为不够痛，杯子里面的水足够的烫，烫得你手痛，自然就放手了。这是每个人成长所必需的功课。这种想法有些异于常人，可是，爱情中不是得到便是失去，一个不明不白的回答，只是披了糖衣的毒药——吃时只觉得味甘，实际会毒害你的筋骨。

他还坚持不走，我不知道这样的举动他是想感动自己还是感动我。黑夜里香烟的光一闪一闪，我有些心痛。

不是为他，是为了我自己。

透过他，我也看到当初自己从来没有得到过的爱情。只是，我们处理的方式不相同。明知得不到，仍然坚持猎狩，这是属于男人的方式。而我，选择的是将这样的感情放在心底，默默关心，尽力付出，卑微而又高傲。于我，不打扰便是最大的温柔。方式不同，结果却是一样。我们一样的傻，一样的没有回报。想等就等吧。等一等，天就亮了。

爱得起，拎得清

爱

最近听了一些故事，尖锐而且富有戏剧性。还是和爱情有关。我先说说这些故事吧：

故事一。有个姑娘，我们姑且把她叫作小 A 吧。小 A 到了而立之年才刚刚交上正式的男朋友，两个人都已经到了谈婚论嫁的地步，男朋友忽然在梦游的时候从 18 楼跳了下去。小 A 半夜醒来，身边的人不见了，周围不见任何异常，下楼寻觅，却看见了一片血肉模糊。小 A 被带进了警察局，询问，释放，后来也跳楼寻死，留下遗书，感叹诘问：为什么爱她和她爱的人都纷纷离去？

故事二。还是个姑娘，就叫作小 B 吧。小 B 的恋情可谓是马拉松式的，初中开始，一直到二十八九岁的样子。男方实在受不了小 B 的每时每刻的随机汇报，监视，外加检查手机邮件，分手提了 N 次，都在小 B 的一哭二闹三上吊的压力之下和好。到了最后一次，男方估计也是听多了狼来了的故事，横下一条心，当真是非分手不可，小 B 也就当真寻了短见。后来怎么样不太清楚，无非就是男的伤心难过一阵子，之后再觅得新欢。难道他会学小 A 去殉情?

故事三。这次换一位男士，以小 C 称呼吧。小 C 其实已经是不惑之年，功成名就。于是，就正儿八经地在外面养起了小三。不过小 C 可不是玩玩，给小三买了房子买了商铺，和原配离了婚。故事止于此最多也就是个陈世美的故事，可是现实总是比戏文精彩，小C这个时候生意上遭遇了瓶颈期，这离婚早已闹得众叛亲离，只能去找自己的真爱商量对策，寻思着先把给真爱买的商铺抵出去，应付眼前的困境。哪知道这个时候的真爱死活不同意，小C情急之下拎起了菜刀，然后一个香消玉殒，一个锒铛入狱。

爱情果然是一种疾病，稍有不慎就会病入膏肓，性命不保。当事人苦，亲人痛，看故事的人叹，可是，这又有什么用呢？谁也改变不了这样的故事，这样的故事还会继续。

我很难去评论什么。别人脸上生疮，痛的自然不是我，就算是嗟叹也体会不到当事人的感受。况且自己年轻的时候也曾经将爱看做是一切啊！

我只是忽然想起了一个人——唐瑛。现如今唐瑛自然不如陆小曼有名，不过，在她们的那个年代，却有“南唐北陆”之称，也就是说她们的才情相当。陆小曼因为和徐志摩的爱情而出名，唐瑛却没有这样的爱情，唐瑛有的是“爱得起，拎得清”的爱情。她懂得拒绝，踏踏实实地和李祖法过起了小日子，养起了小孩子。孩子大一点，有时间了，再继续追逐她自己的梦想。只是，李祖法并不喜欢妻子在外抛头露面。之后，唐瑛离开，与志同道合的容显麟到了美利坚相爱相守，养育子女。

唐瑛的感情生活并不平淡，也不乏让她可以寻死觅活的机会。比如中间和宋子文的那段感情，她若是不顾家人反对，不计后果奋力去爱，那将又是一个传奇。又如，她放弃交际，安心地做李太太，相夫教子，也是一段佳话。但唐瑛就是唐瑛，她坚持自己，寻找爱情，从而收获了自己和爱情。

这就是唐瑛和芸芸众生中A、B、C的区别吧——爱的时候爱得起，拎的时候拎得清。我们或男或女经历爱情时总是奋不顾身，像小A，为了本不是自己错误而失去的爱人伤心离世；像小B，守着已经变质的爱情哪怕以死相逼；像小C，丢了相濡以沫的发妻，还企图用自己的价值观来绑架用功利心来爱自己的“真爱”。他们做出这些选择的时候，有想过自己珍贵的生命吗？更不要提理想，更不要提自己的父母亲人了。拥有爱的时候不懂得爱，失去爱的时候不愿放手，最终成了别人嘴里的一个故事、一声叹息。

幸福就是实现你心中的乌托邦

我看到一张赵四小姐的照片：已入暮年的赵四小姐身着旗袍站在心爱的人旁边，嘴角衔着微微的笑，那抹笑很浅很浅，但却似蕴含了万般的满足。

看过很多关于她的爱情故事，我也并没有由衷地为她高兴。虽然张学良把她叫作“我的姑娘”，可是一直我都觉得她遇人不淑。抛开政治，只谈感情的话，她爱上的那个人除了女人没有其他的爱好，就是一个花花公子啊！可是，感情的事情向来是如人饮水，冷暖自知，赵四小姐应该是幸福的了。几人共侍一夫她愿意，没有名分她愿意，陪着所爱之人坐穿牢底她愿意，愿意舍去自身，愿意陪伴左右……

当真是有钱难买人愿意啊。

说完汉卿的小妹，自然也要提提汉卿的大姐——于凤至。18岁时于凤至就嫁给了比自己小三岁的汉卿，从此开始为爱无私地付出。于凤至识大体、顾大局，家里处理得井井有条，自己丈夫与别的女人在外同居，她不哭不闹，亦不曾以疾言厉色来责怪，而是默默地把苦涩埋在心底，仍然一副温良恭顺的样子。到后来，她把赵四小姐安顿在府外，还帮助赵四小姐养育他们的孩子，甚至晚年还为了成全他俩，和自己丈夫离了婚。若是相忘于江湖还好，她到死之前还记着念着自己的汉卿，在自己最终休憩的地方留了一座空坟，希望死能同穴。于凤至虽然委屈，但一直心存爱意，坚持守候。或许，她认为自己的爱是人间大爱，她认为自己也是幸福的。若不如此，怎能坚持？怎能守候？

唉，又是一个为爱而傻的女人！

爱情或许就是如此，会让很多的女人奋不顾身，无怨无悔。

幸福或许就是如此，赵四小姐实现了与自己爱人厮守一生的愿望；于凤至成就了为自己男人默默付出、守候、成全的她自以为的贞洁人生。她们都实现了自己心中的乌托邦，所以，她们是幸福的。

而对于我，爱情是锦上添花的美丽风景，而不是生活的全部。我一直认为先要做好自己，属于自己的人或物自然而然就会到来。与其说我是受了“你若盛开，清风自来”的洗脑，不如说我对这些没有太多的执念。每个人都是独立的个体，认识事物的想法总是不同，汝之蜜糖，彼之砒霜，大家各自不同，能够偶尔在对方的心里做做客，保持亲近而不亲密的状态，能得长久最好，不能便相忘于江湖。这应该是我心目中的乌托邦，能够达到这样的状态是最好。

而且，既是乌托邦，就不一定能够实现。倘若不能够实现那个思想意识中的美好目标，也不要忽视追求本身所带来的快乐。有时，花些时间用心追求一下自己的乌托邦也是一种幸福。

爱，就是慈悲

1

我吃素，但不是坚定的素食主义者。我信佛，但不是非得拜师的那种。我相信大师开悟，但不会盲从迷信。凡此种种，我向来持“兼容并蓄，择善而从”的态度，就像“家有一老，如有一宝”，觉得对就听，不对，也不当面反驳。

初入演艺圈的时候，经由朋友引见，拜访过北京一位有名的大师。

那时年纪小，刚入行，心中各种忐忑、不确定，人也功利，当时便直接问他，我在演艺圈能不能红？大师说，你可以，你一定能红，但是你做不了天王巨星。

我说我走哪一条路会红得快？大师引用了一句佛语：欲为

诸佛龙象，先做众生马牛。他说，你炒绯闻会红，但那等于你不是走正道，不是凭借个人出众的才华，而是要靠脸蛋和炒作绯闻，让别人注意到你。

大师的话，一字一句、一下一下敲在我心上。恰好那时我在演艺圈刚刚冒出来，香港的小报记者都在炒我跟这个明星如何，跟那个帅哥怎么样，写得跟真的一样，我感到莫名其妙，开始怀疑这个圈子。我隐约觉得，这不是我想要的生活。

2012 年罗永浩决定做锤子手机，在北展剧场做演讲，里面说到一句话：“成就伟大的事业需要经过高人指点，贵人相助，个人奋斗和小人作梗这几个阶段。”

我不愿意靠炒绯闻去红，我选择了离开。

一个人，如果遇到高人开悟或者指路，解决人的智慧、觉悟和人生方向等问题，真的是一件极其幸运的事情。我记得上学时读过一句话：读万卷书不如行万里路，行万里路不如阅人无数，阅人无数不如名师指路，名师指路不如自己去悟。我渐渐地明白：要读书，也要行万里路；要阅人无数，也要名师指点；要名师指点，也要自己去悟。自己当局者迷的时候，往往别人的三言两语，就能指点迷津。

练习瑜伽的时候，我往往会给自己加一个动作，那是以前读到的一句佛法："降魔印：以右手覆于右膝，指头触地，以示降伏魔众。"能够降伏心中魔众的人，就是自己的佛。

2

2008 年 5 月 12 日，我在四川。

之前订好机票，去成都。后来机场有人闹事，开始有人情绪激动，一直不让飞。偏偏在我之前的那一班飞机准时飞走了。我心中不乐意，后来才知道，飞了之后很可能就回不来了。

地震的时候，纯一法师在四川，而且是震区。他也不知道，前一天，他还可以淡定地在日影里看老树抽芽，但第二天，他就要面对屡破戒律和普救众生的抉择。

那一晚，大雨滂沱。他把女人、孕妇、孩子都接到庙里来躲难，所有的地方都倒了，只有那个庙安然无恙。躲难的人越聚越多，寺内的空地上，用油布、篷布、竹竿以及旧门框、破窗扇支起了帐篷，这成了大家心中最温暖、最安全的“家”。

突然人群中有人骚动。

“有个孕妇要生了。”

“羊水破了。”

“胎儿头部位置不正，不能再等了。”

医生和家属征询纯一法师的意见。

纯一法师念了声阿弥陀佛，只说了一句：众生欢喜就好。

后来我遇见纯一法师。

我们谈起此事，纯一法师只说：“出家人最大的忌讳是见死不救，慈悲心是最重要的，其他的都不重要。”

那时候，我正在为生意上的琐事发愁。我向他请教关于做生意的理念，究竟是利益重要还是做人更重要。比如有人拖着欠款，他可能会说妈妈病了，亟须用钱。我问，我应该选择相信他还是无情一点？

他说：万物皆有因果，佛法的最高境界就是宽容与慈悲，这里失掉的那里一定得。

朋友们笑我傻：你跟出家人谈这些事情，他还要劝你去打家劫舍把钱挣回来不成？

我不辩解，但即使是现在，我还是会选择相信那个欠我款的人。也许他是一个本质不好的人，但我一直拿自己的良心去坦诚相待，我觉得有一天他也会待我好的，他也会拿真心来跟我换。

也有朋友好奇，说为什么你这么单纯的人，在演艺圈、商业圈这种鱼龙混杂的地方，居然就没有上过当，受过骗？我说，没有！哪怕是那些刚开始跟我打交道的人，都想着能不能在我这里占一点便宜，或者要骗我点什么。但接触久了，就会把我的事情当作他自己的事情来做。

我不认为自己有什么特殊的魔力。我遇到的，不管是好人还是恶人，都在拿善的一面待我，这是一件很幸运的事。星云大师说：过去，有的人在路上点一盏路灯跟行人结缘，有人做个茶亭施茶与人结缘，有人造一座桥梁衔接两岸与人结缘，有人挖一口水井供养大众结缘，有人送一个时钟跟你结时间缘，这些都是很可贵的善缘。只要人有善心，自然善缘处处在，善门随时开！

有人把成功分为四重境界，一是小成靠勤，二是中成靠智，三是大成在德，四是终成于道。

用善缘结善缘，大概如此吧。

3

李叔同在出家前曾给日本妻子写过一封信。他说："人生短暂数十载，大限总是要来，如今不过是将它提前罢了，我们是早晚要分别的，愿你能看破。"

圆寂前夕，他写下"悲欣交集"的帖子，既悲且欣，心静不俗。而他嘱托弟子在火化遗体后，要在骨灰坛架子下面放一钵清水，以免烫伤路过的虫蚁。

恰如电影《一轮明月》中那个经典镜头：

清晨，薄雾。

杭州，烟雨西湖。

两舟相抵，船头佳人，船尾高僧。

雪子：“叔同……”

李叔同：“请叫我弘一。”

雪子：“弘一法师，请告诉我什么是爱？ ”

弘一法师：“爱，就是慈悲。”

后来，读到药王孙思邈有一段关于爱恨的句子，他说：凡心有所爱，不用深爱，心有所憎，不用深憎，并皆损性伤神。两相对照，心下释然。

关汉卿有一首小令散曲——《四块玉 · 闲适》：适意行，

安心坐，渴时饮饥时餐醉时歌，困来时就向莎茵卧。日月长，天地阔，闲快活。曲词写得浅易平直，如同念白，非高手是写不出来的。

毛泽东在1958年总结出来养生十六字诀，更加白话：遇事不怒，基本吃素，多多散步，劳逸适度。这成了许多老年人的座右铭。

李嘉诚办公室悬挂着一副书法对联，是清代名将左宗棠题于江苏无锡梅园的诗句：发上等愿，结中等缘，享下等福；择高处立，寻平处住，向宽处行。

佛，其实无处不在。我们的一思，一言，一行，如果不对，佛就遗憾地和我们擦肩而过；如果正确，佛就轻易地和我们撞个满怀。

欠你一句对不起

1

直到认识我的台湾老板蔡松林之前，我的饮食一直都是荤素不忌，甚至无肉不欢的那种。

提到蔡松林，可能一般人不了解，但提到电影《火烧岛》《东邪西毒》《大话西游》，则几乎无人不知了。而这些都是他投资拍摄的电影，所以他在台湾，在电影界，是一个非常有影响力的老板。

蔡松林进入内地市场的时间很早，但是，就像《大话西游》

最初上映时票房惨淡，蔡松林投入大量资金，结果却让人大跌眼镜，多部影片亏损严重。

是他把我带进娱乐圈的。我跟他合作的时候，他已经是经历了三十多年影坛沉浮的鬓染微霜的老人了。因为他和蔼，剧组里大家私下里会叫他老头。那时，他已经吃素多年了，包括葱姜韭蒜等佛道两家所讲的“五荤”之类统统不吃，甚至一些特别刺激的调料也不吃的那种。这些他已是平常的习惯，在我看却是一件很稀奇的事。

他是我非常佩服的一个人。每天早上六点钟，他会准时起床，然后开始打坐、礼佛。在六点到七点这一段时间，没有人能够见到他，再重要的事情他也不会去做。人们常说，开门七件事，柴米油盐酱醋茶。但是在他，每天早晨起来的第一件事，是虔诚礼佛。

一般人眼里的娱乐圈，往往是台前充满鲜花和掌声，台后遍布钱权和美色的肮脏交易。实际上并非如此，娱乐圈里有很多像他这样每天吃素，依然会工作15个小时以上、全情投入的人。他们是真正用心做电影的人。因为热爱，所以充满热情。

蔡老不止吃素，曾经有六年的时间，他只吃早饭和晚饭，坚持不吃午饭。我想这是在尽量压低饮食的欲望。如本法师在《佛学问答》说：食欲净化，能得身心轻安，易入禅定。

有一次，他母亲生病了。为了老人的身体，为了丈夫可以专注于自己的事业，蔡太太也开始吃素，久而久之，竟由当初“不得已而为之”的坚持转变为自觉接受且乐在其中。蔡母的病渐渐好转，蔡太太吃素的习惯也保留了下来。

熟络之后，我们会在拍片子的间隙聊天。他是一个很坦诚的人，有一次我问到他为什么要吃素。他说：“首先，我的家庭很好，我有一个非常贤惠的太太，我的两个孩子在英国读书，成绩非常好。第二个，我的事业很好，除了电影，我还有别的产业。现在大陆的投资环境好，处于港台和内地合拍片的蜜月期，我在电影行业里面类似二次出山，机遇非常好。我常想，为什么老天爷给我这么多，对我这么好？当年一个七八岁打着赤脚，推着水肥车，运肥到农地里务农的穷小子可以得到这些美好的东西？我得到的足够多了，所以，我要把我的口欲压到最低。”

这样的当年的一个穷小子，他的身上有这样巨大的能量，能够把健康的人生理念和生活方式传染给周围的人。

有时候我在他那里吃饭，非常痛苦，因为连盐都放得很少。后来，由于受“毒害”太深，慢慢地，我也开始吃素了。一开始，非常容易饿。一段时间之后，口味变淡了，渐渐能吃出蔬菜的各种清香。吃素两年，最明显的感觉就是脾气变好了，人变静了，不太容易生气了。也有过走火入魔的时候，有一段时间，感觉吃饭就像吃饲料一样，无论食物怎么美味，眼睛里只看到这个是维生素，那个是蛋白质，另一个是碳水化合物。我目的明确，吃饭就是为了摄取这些东西。

2

一直以来，对于这样一位善良、不争、慈悲的老人，我的心中是有愧疚的。

初进娱乐圈的时候，很多人不看好我，这个说不是科班出身，那个说太羞涩，还有导演说我的眼神老是晃，但是蔡老却全然没有这些专业上的挑剔，后来他对我说："我见到你的照片，特别打动我，因为你特别像我的女儿。见到你本人，第一感觉就像是见了关之琳。一眼看上去，就像一个有钱人家的小女孩儿，天真无邪，涉世未深。我想我要为你拍一部电影。"

蔡老工作起来是一个很认真的人。有一次，一位大牌女星迟到，给蔡老打电话解释，蔡老在电话里就毫不留情面，甩下两个字：不见！对我却全然不一样。那时的我，完全不懂怎么处理我跟剧组里人的关系，蔡老就像老母鸡护小鸡似的，处处保护我。他会私底下对我说："最近，那个谁对你有看法，虽然我可以为你撑腰，但是你想以后的路越走越宽，一定要和别人搞好关系哦。”有时候在片场，蔡老找不到我，就会焦急地喊：“哎，我的姑娘呢？谁见我家姑娘了？”

不久，我的演艺事业进入上升期，下一部戏就可以晋升女二号、女一号，甚至配戏的都是国内的一哥，各种代言都在洽谈之中，这时，我却选择了离开，放弃演艺行业。对于蔡老，甚至是不辞而别。

那时的我真就是个二十岁的小女孩，什么都不懂。后来自己也做了老板，也遇到手下因为不懂规矩而给自己带来的麻烦，我越发后悔当初自己的鲁莽。如果放在现在，即使要走，我也会把后续的事宜妥善处理好再离开。

因为心中有愧，加上慢慢远离了原来的圈子，一直没有机会对蔡老说一声对不起。时间越久，感悟越深，愧疚心越重，且内容每一次都不一样。有时候心结解不开，便用那个古老的禅宗故事宽慰自己：小和尚违犯寺规，翻墙出去。老禅师知道后，移开了翻墙用的椅子，就地而蹲。小和尚翻墙而回，踩着老禅师的脊背跳进院子。发觉之后，羞愧难当，静待惩罚，老禅师只是说：“夜深天凉，快去添件衣服吧。”

曾经想过给蔡老打个电话，或者写封信，但实在鼓不起勇气。其实，我想，依蔡老的心性，也许是早就原谅了我的。但他一定不知道，那个久久没有拨出的电话，或者那封长时间没有寄出的信，只有一句话。

原谅我，就像一位父亲原谅一个年少任性而离家出走的女儿。

有谁共鸣

完整

演艺圈的才女很多，但像伊能静这样内外兼修的委实没有几个，唱歌、演戏、拍电影，三十年出了十几本书，写过小说、散文，还会填词。不熟悉她的人，会以为她出书沾了名人的光。读过她的文字，才知道双鱼座的她感情细腻，才华横溢。

她是真才女。“我不是因为恐惧黑暗而寻找光，而是因为我懂黑暗，所以才去寻找光。”她写小说，那些撕裂的句子，有着杜拉斯般的欲望人生。她写散文，像“失去的常态让我养成了（这样的心理：）不拥有才会安全”这样的句子，读来让人心疼。她自谱自唱《萤火虫》：“怕黑的孩子安心睡吧”，像是在说自己。她为庾澄庆写《春泥》：让我们取名叫作珍惜。那是她和哈林曾经的爱情。

写作是她的本能。她说：可能是所有理由的总和，也可能是没有任何理由的，从我认识文字开始，我们就在一起了。她还说：阅读者如果能纯粹地感受着文字与心脏发出的共振，是最幸福的时刻。

伊能静生在单亲家庭，母亲嫁给日本人后，才有了一个完整的家。她很少谈及这段经历，想必日子不会好过。完整，不一定完美。年轻的时候，她早早出来走穴，吃了很多苦。后来她找到哈林，恋爱十四年，哈林给了她一个稳定的家，和一种养尊处优的生活状态。

哈林出身名门，也是比较强势的男人，艺术上是天才，生活中可是马虎得很。谈到和哈林离婚，伊能静说：每天回到家以后，我要跟我的婆婆一起看无聊的电视剧，我的老公从不关注我在想什么，他不读我的书，也不看我的戏，更不想了解我，他只想让我做他想要的太太，于是就比较勇敢地选择了分手。

一个女人，在四十六七岁的年纪，还有一颗少女心，喜欢粉红色和蓬蓬裙，喜欢扮公主，喜欢被宠上天，依然相信爱情，这就是伊能静。她在《坚强的仙人掌和我的脆弱》中说：别当一朵花，而是该当一株仙人掌，并且和它们一样简单、坚强。

其实，她是一个容易知足的人，她说：再好再坏都会过去，再繁华再困难也都会过去，但我依然愿意坚守不完美的美好。

万般皆是命

七夕节那天，闲来无事，刷微博，看到一张舒淇的照片，半遮面，神情特别落寞。

心中一动，不由叹道：人的命就是不一样啊。根据吴若甫绑架案改编的电影《解救吾先生》里，有过若干次对于命运的博弈。电影结尾，饰演被绑人质的刘德华在监狱中与饰演绑匪的王千源见面，两人对命运有一段对话。王千源说："人和人的命真不一样啊，你的命真好。"刘德华说："对，我命好。"对比现实原型吴若甫的境遇，刘德华的这个回答颇耐人寻味。

第42届台湾电影金马奖，最佳女主角：《最好的时光》，舒淇。那一刻，舒淇起身上台，九十度鞠躬，感谢所有人，涕泪横流。台上三分钟，她等待这个瞬间，好像已经等了几个世纪。

就像人们看《英雄本色》，总会想起周润发饰演的小马哥说：“我不想一辈子让人踩在脚下，以为我是臭要饭的，我等了三年就是要等一个机会，我要争一口气！不是证明我比别人有多么了不起，我只是要证明我失去的东西，我一定要亲手拿回来！”

演艺圈本来就是一个大染缸，混演艺圈的都是人精，不仅长相要出众，还得八面玲珑，浑厚正派的降龙十八掌得练，阴毒邪门的九阴白骨爪也得练。舒淇只不过是把自己失去的东西，一样一样找回来，别人却未必都能见得她好，所以，她穿回去的衣服常常又被扒下来。

直性子的她只不过为甄子丹说了句公道话，网友们便翻旧账，把舒淇早年的照片拿出来。有网友感叹：能容得下苍井空，却容不下舒淇。于是，拥有1000万粉丝的舒淇删了全部微博，撤了全部关注，无助到令人心疼的她只能用这种方式来表达自己无声的抗议。

阮玲玉说，人言可畏。多少年过去了，在这一点上，我们始终未曾进步。舒淇把自己的许多男性朋友处成了哥们，他们只把她当作一站，累了在这里歇歇脚，然后呼一下就过去了。

多年前的内伤，在她心里，从未痊愈。

但舒淇，仍然是我们熟识的那个无论遇到什么事都咧着嘴哈哈大笑的舒淇，就像她在为尔冬升导演的《我是路人甲》所写的影评（*I have a dream*）中说的：不管未来会发生什么事，会成为一个什么样的人，相信只要我努力朝着我想要的方向出发，天，总会为我开出一条生路！

有人说：万般皆是命，半点不由人。

也有人说：我命由我不由天。

你说呢？

美人不迟暮

作为“五十年才出这么一位”的美女，林青霞的美，是男女通杀的那种。多少年过去了，她演过什么，得过什么奖，有什么绯闻，都已经不重要了。我们只知道，她是林青霞，这就足够了。

林青霞不缺事业运。她出道的时候曾说：“人家说电影圈复杂，而我出来就红了，每次我面对的难题是接戏或推戏，不需要奉承、争取，我一直没有经纪人，没有司机，没有助手，从来没有停过片约。”

从琼瑶电影中的纯情女孩，到纵横江湖的侠女魔头，她是《窗外》里的江雁容，《碧血黄花》中林觉民的妻子陈意映，《滚滚红尘》里的女作家沈韶华，是《东邪西毒》之慕容燕，《东方不败》之东方不败，《白发魔女》之练霓裳，《六指琴魔》之黄雪梅……她有风情，有才情，有性情，时而飘逸唯美，时而冷酷高傲，时而又温暖从容。

我们热情谈论着她参演的每一部电影的情节，述说着她出场的每一个画面，念叨着她的每一句经典台词——她说：

如果有一天我忍不住问你，你一定要骗我。

就算你心里多不情愿，也不要告诉我你最爱的人不是我。

我们的记忆还停留在漫天彩霞、黄沙大漠、海边木屋、桃花纷飞、红衣纵酒、女扮男装……转眼间，她已经六十二岁了。就像窖藏的葡萄酒一样醇香自然，她的美，仍然让人惊艳，甚至忘记了时间。从演员到贤妻良母，她又多了一个头衔：作家。我们有幸读到她的两本散文集，《窗里窗外》《云去云来》，字里行间颇有“宠辱不惊，闲看庭前花开花落；去留无意，漫随天外云卷云舒”的味道。

事业运好的人往往会缺一点爱情运。从秦祥林到秦汉，直到嫁给服装巨贾邢李㷧，林青霞的爱情之路似乎终得圆满。但是，有一种女人，只把她的美丽展现给人们看，没有人知道她的苦痛。一个人，怀里搂着孩子，却写出《窗里窗外》中那样优美的文字。就像《白发魔女传》整部戏中，无数个夜晚连着无数个夜晚，没有可以蒸发眼泪的阳光，有的只是无尽的黑暗，然后等待那一头绽放的白发。

影评人公子羽说起自己听《东方不败之风云再起》的磁带：曾有无数个这样的深夜，我枕着高高的枕头，将磁带塞进爱华随身听中，齿轮沙沙地转动，耳塞里飘荡来一阵音乐，听那些地老天荒后的寂寞和惆怅，也听那曾经的温暖如此优雅地绽放。

岁月无情，只有她的美不老，一如当年，让我们恍惚以为，自己年纪小。

这样的意境只有林青霞能给，独此一份。

芳菲尽

2003 年的香港娱乐圈，不忍直视。

四月一日，愚人节，张国荣从香港东方文华酒店二十四楼坠下，跟世人开了一个天大的玩笑。

十二月三十日，梅艳芳躺在病床上，度过了她生命中的最后夜晚，那一晚的夜风里能听得到生命抽离的声音。零落成泥，凋谢归尘。死前，她对众人说，别哭，不要叫我的名字。

戏里戏外，不一样的生离死别，一样的人生无常。仿佛冥冥中自有天意，张国荣在《异度空间》里多次拍摄跳楼的场景，终于在现实中把那场戏做完。《胭脂扣》中，梅艳芳死后成了野鬼，去寻找张国荣扮演的情郎。

回过头来看梅艳芳，这个四岁登台、从此再也没有离开过舞台一天的女人，甚至连她的名字都带着一种红颜薄命的味道——太浓艳的盛开，只落得惨淡的收场。

其实她可以选择沉默。但她告诉全香港：对，我要积极平静地面对。给那些如今到处写着哀悼文字的狗仔队和无关痛痒的看客留几许喟叹，留一个不能忘却的纪念。

其实她可以晚些离开。但她没有选择隐退江湖，恰恰相反，她连开了八场演唱会，又远赴日本拍广告。她再也无法撑住。其实她可以不死，割除子宫，避免癌细胞扩散。但她心底有梦，她想嫁人，生子，有一个圆满的家庭，一个完美的人生。

梅艳芳豪放洒脱，本性中有一股侠气。上天给了她四十年的时间演绎一首《女人花》，她却以这不长的期限唱出了一颗不羁放纵的男儿心。

她在生前的告别演唱会上，穿上洁白的婚纱，问歌迷：我穿婚纱好不好看？但是，错过了时间，很可惜，我也曾经有数次穿婚纱的机会，但是，我自己错过了……

她对着台下的歌迷诉衷情：人生便是这样，有些时候你预料的东西，你以为拥有的东西，偏偏没有，我以为我二十八岁，或者三十岁前会结婚的，我希望我在三十二岁拥有自己的家庭，拥有自己的小孩，但是没有，终于过了四十岁，我拥有什么？我拥有你们啊。

是啊，她身家两亿，却错失一段又一段姻缘，到最后依然形单影只。她终于明白：女人的梦想和男人不同，女人的梦想是拥有自己的家庭，拥有一个爱自己的丈夫，一个能陪伴自己终老的伴侣……

然后，她唱了《夕阳之歌》，有气无力，那是她人生中最后一首歌：一天想，想到归去，但已晚。相同的旋律，却绝不似《千千阙歌》，充满等待。

如花美眷，似水流年。她唱道：留下只有思念，一串串，永远缠，浩瀚烟波里，我怀念，怀念往年……

有谁共鸣

有人说，他是我的王。有人说，他是最后的贵族。更多的人，叫他哥哥。

如果有一个人，到了六十岁还可以称女神，那她肯定是林青霞。但有一个人，转眼已经离去十几年，却从未远离，那么，这个人只能是张国荣。至少，曾经爱他的人不死，对他的怀念和祭奠人气不断，香火不绝。

他孤绝地站在舞台上，唱：我就是我，是颜色不一样的烟火。天空海阔，要做最坚强的泡沫。我喜欢我，让蔷薇开出一种结果。孤独的沙漠里，一样盛放得赤裸裸。

舞台下，众生喧嚣，众声喧哗。

他的台词，往往带有宿命的味道。他在《玻璃之情》里说：牵手来，空手去；他在《霸王别姬》里说：人纵有万般能耐，终也敌不过天命；他在《纵横四海》里说：你没听说过刹那的光辉并不代表永恒；他在《阿飞正传》里说：要想不被人拒绝，最好的办法是先去拒绝别人——他怕被时间和命运拒绝，所以他选择了拒绝命运和时光。

他就是这样一个人，完美、精致、敏感，每一样都要做到极致。一个人的夜晚，千万不要听张国荣。会上瘾，戒不掉。比如他唱《有谁共鸣》：

笑问谁，肝胆照应……

不信命，只信双手去苦拼……

从前是天真不冷静，爱自由，或会忘形……

词人梁美薇为他填的词。她说："其实是一个承诺，早在多年以前我已答应为他写歌，到今天才兑现而已，骤听此歌是为Leslie度身而作，然而我自己的弦外之音还多着哩！"而张国荣在录这首歌时，差点哭了。

小美说：身处这个娱乐圈的人，只要有血性，有感觉，都会体会歌中意！没有血性的人也许听不懂，但我不介意！

夜阑静，问有谁共鸣。

匆匆那年，曲终人散

1

我认识小米是在烟花三月的扬州。后来我们成了好朋友。

我们都是从北方一路走，一路游。而我们最终的目的地都是要去云南，要去大理或者丽江看一看，看一看苍山的雪，和洱海的月。

一路上，我们相见恨晚，亲如姐妹。小米是和男朋友阿枫一起来的。起初，他们宣称，自己只是单纯出来旅游。

是小米那单纯而极致的快乐，迷惑了我。

相处日久，我才知道，根本不是。他们此行，倒更有躲难的意味。

阿枫的事业在北京，遇到一些问题，进展不顺。他不想把这种负面的、灰暗的情绪传染给自己的父母、员工和朋友，于是他决定外出躲一阵子。而她不放心他只身一人，跟公司老板软磨硬泡，好说歹说，艰难预支了未来好几年的假期，一路陪他。

有一天晚上，我们在住宿的酒店相谈甚欢，彼此都喝了点小酒。小米有些动情，靠着我的肩膀，忘情地痛哭起来。

她说，你知道吗？有一段时间，他压力特别大，简直像个疯子，我接一个电话，他马上就会问我你是不是要出轨？你是不是要走？你是不是要离开我？那种神经质般的折磨，很难熬。

我说，那可能是因为他太在乎你了。

她说，是啊，我也是这么认为的。可是，更大程度上，因为我爱他嘛，于是我就一直忍。

她忽然变得幸福而神秘，就好像打了兴奋剂，瞬间有了精神。她说，一个男人在这种时刻，在他人生中最低谷的时候，你能陪他走过来，他会感激你一辈子。

情绪刚刚有了好转，她又开始抽泣。她说，可是你知道吗？你知道我心里有多压抑，多难受吗？他有一个前女友，是一个空姐。她很爱他，甚至可以为了他去死。

事情恰恰就出在这里。有一天，他们吵架。他离开她。她给他打电话：你不回来，我就死给你看。他以为她只不过是年轻气盛，一时要挟，说几句气话而已。他不为所动。

结果，那个名叫芸的女孩儿，就这样云淡风轻地，再也寻不见了。

他心中难过，有时候会精神失常。从那以后，他的汽车后备厢里一直备有纸钱，有时候情绪上来，他会不管不顾，一个人疯狂地开车到女朋友的墓前，或者到人迹罕至之处，一边哭，一边给他死去的前女友烧纸。

我听了心中难过，却找不出合适的话来安慰她。

还有，你知道吗？他还有一个前妻。有时候我半夜醒来，发现他不在身边，卫生间里的灯亮着，抽水马桶的哗哗声掩盖了他给她的前妻打电话的声音。他打完电话回来，我装作熟睡，任他轻轻给我盖好被子。

可是，你知道吗？我真的好痛苦。

他很痴情，他很贴心，他很小心地照顾好各方利益和各种人的感受。但是他偏偏忽略了我。

第二天，情史丰富的阿枫接到公司里的电话，提前返程。小米意兴阑珊，随他打道回府。

2

很长一段时间，不再有小米的消息。有一天，她在朋友圈发动态：匆匆那年，曲终人散。我心下大惊，以为她在赶时髦，开玩笑。

那一年，娱乐圈流行发表分手声明。汪峰在微博上写道：终于，告别了曾经的那些烦忧的纷争；终于，看轻了这生命中不能承受之重；终于，可以和过往绚烂的虚妄说一声再见；终于，回到了一个人充盈清澈的生活。王菲也微博发文：这一世夫妻缘尽至此，我还好，你也保重。

我在下面留言：世界那么大，要不去云南逛逛？

我们如愿，捧一把苍山的雪煮茶，然后一同赏洱海的月。

仍然是她说得多，我听得认真。

离开，不是因为我不够爱，只是因为他的过往太乱太复杂。她平静地还原当时她歇斯底里的状态，她说，后来我跟他分手的时候，他觉得特别突然和不解，问我为什么。我说，你知道我晕车吗？你动不动就去给你的女朋友烧纸，你知不知道你飙车时我内心的惊恐？你在那里烧得涕泪横流，你知不知道我在一旁吐得昏天暗地。

还有，你知道我睡觉轻吗？你半夜的时候，每次跑到卫生间，去接电话，我都会被惊醒。是，你回来之后会贴心地给我盖被子，可是你知道吗，你盖完被子，安心地睡去了，你知道我那夜彻夜未眠吗？

你以为我会感激你吗？你错了。你给我盖被子，你给我买衣服，你都不是为了我，你是为了自己，就像你给你前女友烧纸，你是在赎罪，你是在求个心安。对不起，我不想成为另一个被你祭奠的人。

3

想念是有的。藕断丝连是有的。摇摆是有的。

前任这个东西，像鸡肋。饿的时候，想着它怎么怎么好吃。真正吃起来，却又瘦得可怜，颇为乏味。

前段时间，她差一点跟他复合。她说，他给我打了一个电话，他在一个高铁上面，看到一个孕妇，挺着大肚子，一个人提着大包小包的东西，上高铁。他说，他第一时间就想到了我。他说，如果有一天你怀孕了，我一定会在你身边照顾你，绝对不会让你一个人坐高铁，不会让你一个人提这么多的东西。

她挺感动的。那一瞬间，她脑海里浮现的，全是他的好。

可她想到那些梦魇般的时刻，她的心又硬起来。她宁愿一个人挺着大肚子，提着大包小包的东西，上高铁，也绝不愿再坐在豪车上担惊受怕，住在豪宅里夜夜睁眼到天明。

多情而生，绝情而灭。从心而起，因念而落。曾几何时，那些念念不忘的坚守，就渐渐成了黯然失色的过往，那些曾经难以舍弃的人和事，就在时光的流逝中慢慢释怀，就像那晶莹的苍山雪，融化在洱海月里，再也捧拾不起来。

那些年，我们彼此去对方心里做客

1

去机场的路上，司机忽然问我：惠总，你认识那谁谁吗？就是在我婚礼上，高高瘦瘦，戴一半框眼镜的那个？

我想了想，说：不认识。

他说：他哥哥是那谁，你认识吗？

我点点头：认识。

听说你们那时候都快结婚了？司机小心翼翼地试探，确认没有踩到雷。

就这样，关于美好的初恋和尴尬的前任，那一切，毫无防备地揭开来。

我猜想，司机心中一定敲了无数遍小鼓，实在纳闷得紧，才忍不住来扒自己上司的情史。

2

记忆回到那梨花带雨、沐风浴雨，合手是云、翻手是雨的季节。

同在一所高中读书。17 岁生日那天，他做了一件那个年代的男孩子挖空心思所能想到的讨女孩子欢心的事。他把鸡蛋煮熟之后，在上面画了 17 个不同的脸谱，送给我。现在想来难免幼稚，但当时却感动得一塌糊涂。

后来他出国留学，我留在国内读书，异地，跨国恋。

念去去、千里烟波，暮霭沉沉楚天阔。他恋恋不舍，我兰舟催发。

上个世纪末，通讯不发达，长途电话特别贵，一块多一分钟，他会把所有零花钱省下来，煲电话粥，一聊一个多小时，有的没的，吃的喝的，实在没什么可聊，就在电话里听来自大洋彼岸的呼吸声。

有时候他回来看我，回来待一个星期再回去，不让家人知道。第一个学期末他回来，整个人胖得无法直视，因为吃垃圾食品，每天吃炸鸡，横着看比竖着看舒服。他为了省钱，给我打电话，回来看我，给我带礼物，把自己折磨成那个样子。

有人说，没有尝试过异地恋的人，感情是不完整的。两个完全不同生活环境、不同人际圈子的人，隔山隔海，隔着12小时的时差，交流方式仅限于电话，日子一天一天过去，期盼见面就像等待一年一度的鹊桥相会。

一个人的日子里，我一边坚持，一边让自己变得坚强。他却愈发黏人，可能是一个人身处异乡，煲电话粥的时间越来越长，回来看我的周期越来越短，胖得也越来越让人恐惧。

3

后来他回国，一如既往的单纯，而那时候我已经开始一个人在娱乐圈里摸爬滚打。那时候我们两个人通过一个笔记本交流：他每天把想说的话写在本子上给我，我在看剧本背台词的间隙看，然后我把我想说的话写在本子上给他。有时候匆忙，也会把正在背的台词误以为是想说的话写给他。他收到后，诧异不已。

他知道我喜欢雏菊，特别小的那种。有一次，他把一个废旧的白色键盘，敲掉 I 、L 、O、 V 、E 、U 这几个字母，然后培上土，撒上雏菊的种子。一个雨后初晴的清晨，我在吃早饭，他从背后变魔术般拿出这个键盘花盆，里面的幼苗怯生生地爬出来，绿绿的，细细的。就这样，我手里夹起来的豌豆苗还没吃到嘴里，眼泪早已噼里啪啦砸进碗里。

有一年夏天，我的住处每天都会多一盆雏菊出来，一盆一盆，姹紫嫣红。我问他，他故作不知。再问，他便说，不告诉你。

有一天晚上，他开车，七绕八绕，到一个挺偏的地方，我说你带我到什么地方，他说你下来就知道了。我跟他一起下来。是一处农家小院，一院子的雏菊，粉的，黄的，白的，一蓬一蓬的，像五颜六色的降落伞，开到奢靡。

他得意地望着我：怎么样？我让花农种的。种子是我撒的，让花农来照料。其实我早就想带你来了，可是第一次种的时候没种好，种子撒得太密了，没有出来。又种了一次，就是今天你看到的样子。

我好感动。那是一段幸福而甜蜜的时光。

我一度以为，我们拥有那样美好的时光，我们会一直相濡以沫，相扶到老。

4

人在江湖飘啊，哪能不挨刀啊。

那个时候，我们两个正处于人生中很艰难的阶段，我求人办事，请人吃饭，恰好那一次他也在场，饭吃得其实并不愉快，觥筹交错背后是复杂的人际关系。饭后，他跟我说，我就不喜欢看到你向别人低头的样子，我就不喜欢看到你去求别人。我们有钱就花，没钱就不花。你是——知道吗？你是“此人只应天上有，人间难得几回见”的仙女，你是我的女神。

他就开始很不争气地啜泣。我很感动，苦笑着安慰他，没事儿，真的，没事儿。然后泪水也跟着下来了。

很多人都读过一个故事，很鸡汤很程式化的文字：两棵小树从小长在一起，手拉手，肩并肩，每天从同样肥沃的土地里汲取营养，享受同样的阳光雨露。有一天，护林员把其中一棵小树移到了另一片土壤上。那片土地上有更得天独厚的泥土、阳光和雨露。这棵小树开始茁壮成长，而留在原地的小树依旧踏着自己的步子缓慢成长。久而久之，两棵小树再也不能像原来那样手拉手肩并肩了。

这是一个很悲伤的故事。两个人开始面对不一样的生活，其中一个人的感受渐渐不同，另一个人的生活仍是原地踏步。

如果这个世界上有感同身受的痛苦，那多好，给你也来一份。可我那么爱你，怎么舍得让你去经历这些。

如果这个世界上有感同身受的领悟，那多好，一定给你来双份。可你那么爱我，怎么有时间去经历这些。

5

时间就像是一列加速行驶的列车，你不知道会和谁共乘同一趟车，不知道谁会在哪一站上车，谁在哪一站下车，谁会陪你走到终点。

不知道什么时候起，我们在彼此生活里的戏份跳水般急剧减少。有人说，无论哪一种分手，本质上都源于不够爱。常常想，如果我们都足够努力，那么，我们会不会在一起？

那时候，我们固执地早恋，信誓旦旦，说要执子之手，与子偕老，只为了证明给所有的人看，不是所有的早恋都无结果。可是，我们曾经计划好了一切，却没想到提前背离了彼此的计划。

过去了，就不要再回去。留在记忆里，都是美好。当初是怎么离开的，再次选择，还是会一样离开。

特别喜欢一句话：不打扰，是最大的温柔。真正喜欢一个人，再次执手相看泪眼，还是忍不住想拥有，又怎能单纯地只做朋友？有人唱，你曾说过分手后还可以做朋友。那样的关系，要么是从来没有真正爱过，要么就是爱情尚未停止。

也许多年以后，你回忆起来，还会记得。一个人，孤单单活在这世上，突然迎面来了一个你喜欢并且也喜欢你的人，彼此有过美好，心与心那么近，如今却形同陌路。偶尔一个深夜，或者一个不相干的时刻，你会突然想起对方，毫无缘由，哪怕你的身边还有相陪的爱人。

因为，过往只是过往，对于未来，那段感情、那个人并无诉求。

就像一部电影到了结尾，它会打上这样一行字：那些年，我们彼此去对方心里做客。

然后，全剧终。

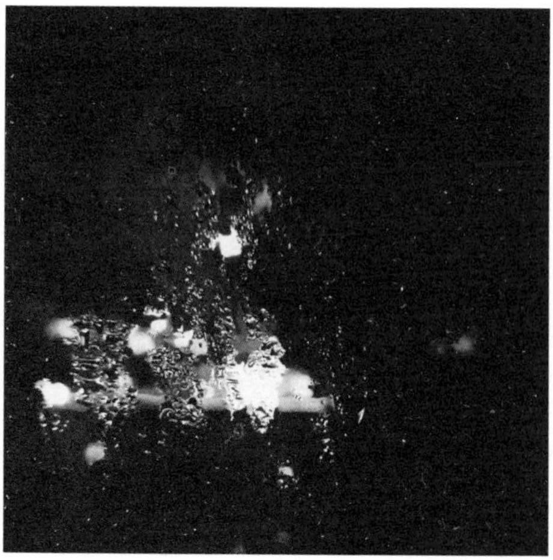

领　悟

Comprehend

梦醒时刻

我害怕北方的冬日，怕它整个冬日里的暗无阳光，怕它深入骨髓的寒冷，怕植物枯萎凋零前的申诉挣扎，怕不南飞的鸟的哀叫，怕流浪的动物抵不过冰雪，怕听到谁家的老人又因为气候恶劣进了高危病房。

我从不直面生活中不祥的暗示，那些不好的，我会开动我的小马达将它们通通破冰。

我一直自信地把控着自己的身体，挥霍着年轻硬朗娘胎里带出的健康，我曾吃素多年，零油低盐无碳水，并且时常在需要美丽出场之前一周辟谷绝食。我坚信，12 星座里，对自己最有毅力的绝对是处女座。

可是，真正重要、残酷的暗示或者说提示根本无法逃避。来源于身体的警号吹响，让我不得不正面审视自己曾经做错的种种。

在我 21 岁的那个冬夜，在喝完一碗妈妈做的热乎乎的含洋葱的暖汤后，我开始严重过敏，无法呼吸。

当我再次努力睁眼醒来，鼻子里已经插上呼吸机，右手埋着输液管，而浮夸的肿胀和强烈的灼热遍布我的每一寸肌肤，每一个器官。妈妈在床边面色蜡黄，我很想说一句，我还好，可是我竟说不出半个字……

“幸亏来得及时啊。我们有一个病患 19 岁，和你女儿一个情况，第二天早晨家人推开房门发现时已经窒息身亡了。她的目前情况是，食物过敏导致的急性疹，遍布全身，包括呼吸系统和消化系统，所以导致呼吸困难和无法进食。”

妈妈在一旁愧疚满容，其实我知道，这是我自酿的苦果，就像港片里说的，迟早要还的。

演艺生涯的竞争惨烈只有经历过的人才懂。其实这是我第二次住院，但我永远不会告诉妈妈。第一次是为了上镜瘦脸，不仅乱搞节食，还每天空腹饮特浓黑咖啡，结果引起急性胃出血，被急救车接走。

我信奉的没错：这世界上根本就没有从不运动从不节食从不严苛要求自己就能一直美丽下去的女人——这当然包括女明星。只是年轻时的我，对自己太过苛刻，太急于求成，太不懂得给自己一点缓冲。

我用手指在妈妈手上写：镜……

我已经不认得镜中的自己，鼻子被肿胀的面颊包裹住，变成一个平面，眼睛只有一条缝。我想起万圣节舞会的面具，嗯，也许还要更糟糕……

镜中人躺在白单、白枕、白病服里面，卸下胭脂水粉，卸下霓裳华服，卸下珠光宝气，卸下傲娇、顾虑、拼劲儿……卸下所有的包袱，原来那么一无所有，甚至没有自由。

灵魂没有办法支配躯体，人生中第一次深入骨髓的恐惧和无助蔓延出窍，充溢病房，漫向寒夜里的白雪地。

我想入睡，可是鼻腔里如筷子般粗硬的呼吸管让我无法安眠；我想拔掉，却要面临窒息的痛苦。我就这么挣扎着。也许是妈妈抚着我的发，也许是药物起了作用，也许是我真的筋疲力尽了，我入梦了。

我穿着白衣，赤着脚，站在喧嚷的人行道。人们朝我相反的方向匆匆走过，却无一人注意到我的存在。人流的急促带来一缕风，吹乱了我的头发，我不知道自己要去哪里，也不知道自己在哪里……渐渐地人都散开了，两束灯愈来愈近，等我回头，面前是再也躲不过的急驰而来的汽车……

我惊醒，紧紧抓着床单，手心湿漉漉的满满是汗。我看着妈妈、病房和病房外趴在桌子上打盹的值班小护士，突然觉得安心了许多。

我注视着右上方吊瓶下面的输液器，说不出名字的液体一滴一滴垂落，就像小时候阳台上初春屋顶的冰柱慢慢融化滴下的水珠，它们代表生机和希望，代表新年和新生。其实真的很像……我想着想着，又入睡了，梦见了小时姥姥家的联排平房。盛夏，蜻蜓和蝴蝶扑闪翅膀的声音萦绕耳边；有一只比我家浴缸还大的铁盆，姥姥盛满水，放在太阳下晒到暖烘烘的，我午睡起来，脱光了衣服，泡在温暖的水中。我梦见了水里那阳光的味道，那是时光的味道……

这一夜，仿佛神灵腾云驾雾，来到我的面前，谆谆教导。梦醒的那一刻，我全通悟了，什么是我最值得珍惜的，什么是我想起就会暖心的，什么是我想要追寻的……全通悟了！

美好和美好之外

去看朱自清先生笔下的荷塘的时候，我穿着一双小白鞋。几步走下来，铺满煤渣的路已经把我的小白鞋变成了小黑鞋。荷塘上面田田的叶子也不甚美好。读书的时候，那片荷塘是我心中的一片净土，拨动我少女的心，浅浅的心事伴着田田的叶子轻轻摇曳。而今再见到这片荷塘，恍然觉得少年的心事变得荒唐。

文人笔下的风景，真的只能待在笔下。就像是朱自清写父亲的《背影》，读完总觉得父爱如山，待到走近这个伟岸的父亲，你才知道这个父亲包办婚姻、克扣朱先生的工资还不让朱先生进门。

如今年岁渐长，慢慢明白，除了美好，还有美好之外。总有一些人给你那时那刻的温暖，也是那些人过了那时那刻会做一些事情，告诉你生活不甚美好，人和事，不要过于贪恋。

比如，和我相处了四年的保姆——崔姐。崔姐已经四十多岁，和她相处的时间甚至超过了我的母亲。而我们之间的相处，也真的像母女一样。她是真心为我好，根据天气提醒我衣物的增减，有时候因为保持身材吃得少一些，她也会絮絮叨叨地提醒，就连每日清晨早起喝的那杯水，她也会因为怕兑凉水对肚子不好，坚持每天看到我下楼的时候，接一杯热水，用两个杯子来回倒着，兑到我喜欢的温度。那个时候，我看到崔姐，她的眼里手里皱纹里全是温柔和慈爱。白开水的温度刚刚好，有一点点烫嘴却可以一下子喝一满口。每次我都啜一满口，然后细细地咽下去，感受开水微微烫过嗓子的温度，那种满足的温暖就在全身都荡漾开来。很长的一段时间我就沉迷于这种感觉，享受着崔姐对我无微不至的发自内心的照顾。

我也放心地把自己的家交给她打理，甚至家里保险柜的钥匙也一并交给了她。我觉得我们之间的关系，早已经是亲人一样的存在。于是，在她大女儿怀孕的时候被她的老公打得失聪，我帮她找律师；在她的社保出现问题的时候，我去社保局帮她处理……

如果故事就这样结束，就又多了一个大堰河的故事。可是，生活总是比小说精彩得多。我旅居美国期间，崔姐辞工去照顾心脏搭桥手术的丈夫。我回到家，发现保险柜里价值不菲的首饰遗失。

这个时候我是理解了朱自清先生，那时那刻，他的父亲真的给予过他美好，他也能体谅父亲包办婚姻、克扣工资以及因家庭琐事所累、见识所束对他的种种管教甚至不让他进门的做法。就如那刻，我也理解崔姐因为丈夫生病的确缺钱，我甚至打电话告诉她，无须解释，东西我不要了，如果需要帮助，我还会施以援手。

只是，文字之外，懂事之外，朱先生是否也曾受过伤？生活里的一些东西，我选择展现出它的全貌，不全部美好，但足够真实。

终将有一天，我们会老去……

前一段时间去敬老院做义工，其实，也都不是干什么体力活，就是陪老人聊聊天，说些家长里短的事情。我是喜欢和年长的人聊天的，可在敬老院呆的一下午却让我有种说不清的感觉，是焦躁的感觉吧。这种焦躁却让我更加的安静。

鱼儿说，像我这样的性子，去福利院会比去敬老院合适。因为从敬老院回来我会更加的安静，身上多出一种暮色沉沉的死寂。她总是觉得，年轻人还是应该更有朝气，满身铆钉地唱着摇滚才是她心目中的年轻人形象。

这次我没有反驳她。我终于意识到了哪里不对。敬老院与福利院的感觉的确不同，敬老院太安稳，安稳到麻痹你的神经，可周围的人一直提醒着你人到老年，已经需要处处被人照顾。暮色的沉静让我焦躁起来，我有点不能把握自己的情绪。鱼儿是敏感的，她体会到了我的焦躁，她也是了解我的，她知道我焦躁的原因。

有一天，我也会老去。这是作为人不可避免的进程。

有人说，人生三大悲哀：美人迟暮、英雄末路、江郎才尽。在我看来都是一回事，无非就是失去了自己的看家本领，徒增悲怆。

年轻的时候我们谈梦想，谈拼搏，讲付出，很累，但是，我们被需要；年纪大了，可以有理由停下来了，进了敬老院，虽然老有所养，我们却不再被需要。身体不再累，心也不累，只是没了朝气，没了活力。一下午，我感受到了这种微妙的感情，所以，我开始焦躁。我企图用安静来压制这种焦躁，焦躁就化成细线，一点点缠着我的心，让我更加的焦躁，还有压抑。

我是害怕老去的，害怕自己有一天由被需要变成需要。走进敬老院的那一刻，我仿佛每走一步就老一岁，越待着越感到进入了自己的生命倒计时。来到这里的老人，首先需要自己承认已经老去的事实，无常已非遥不可及。前几天吴奶奶还在，现在已经不在了，留下常爷爷一个人。这种无奈的接受，表面上若无其事，心里面却沉甸甸的。这种情绪的气场太大，它让我有些想要逃离。

我忽然想到了“斯坦福监狱实验”，融入看守和囚徒角色的学生变得疯狂。环境的变化，激发出了人所不知，甚至为自己所不知的另一个自我。敬老院的这种环境自然没有那样极端，但这种环境会暗示老人们进入人生暮年，他们不被需要，他们的心正以看得见的速度老去，他们无奈地等待最后的一刻……

当我们年轻，还没有老去的感觉，我们想的是如何回馈自己父母的养育之恩。可是，我们太忙了，哪有时间常回家看看。心意不够钱上补，我们给钱，我们请护工，我们把他们送到最昂贵的养老院，听他们为了安我们的心说下的安慰我们的话。终有一天，我们也会老去，不知道会过怎样的老年生活。我是有点杞人忧天，年老离我还那么遥远。只是，我有些不忍心让这些爷爷奶奶们这样待在敬老院。我也知道大部分的老人并不愿意待在这里，无关乎照顾是否周到，无关乎设施是否先进、齐全。我们年轻人是否愿意放慢一点点脚步，关注一下自己爸爸妈妈心里怎么想的——不是问候几句，他们怕打扰我们总是有所隐瞒。我们静下来，待在他们身边，然后好好感受。或许我们的敬老院可以和福利院相邻而建，总要想个办法打破那个“斯坦福监狱”，让我们的爸爸妈妈爷爷奶奶摆脱那种环境。

我的心又有些抽搐，这不是我心中的老有所养。

终将有一天，我们会老去……

每一个天才都是雨人

初见星儿的画是在朋友筹办的拍卖会上。浓郁大胆的色彩，直抵我的内心，让我不由得想到了毕加索。后来我见了越来越多的自闭症儿童的画作，我觉得他们简直就是天才，或许叫他们“雨人”更加的合适。

“He’s just inherited $3 million and he doesn’t understand the concept of money. That is fucking poetic, don’t you think?” Charlie如此说他的哥哥Raymond。

尽管这有些不文雅，但也道出了实情。身有财富而不知，仍然活在自己的世界中，这是多么吊诡的一件事情。

我后来发现每一个天才都是雨人。或者说，每一个专注的成功者都是雨人。他们专注于自己的工作，专注于内心，在我们无法企及的世界里畅游，但对于生活中的事情却知之甚少，人很单纯。

因为我经常到北京出差，朋友建议我在北京买个小院子。她告诉我说：“惠媛，我觉得你应该在北京买个小院子，然后我负责装修改造。你留一个屋自己住，其余的屋子租出去，这样要比你每次来了住宾馆划算得多。我都帮你算过了，以房养房，经济实惠。不过，你招租的时候要注意，不能租给做买卖的小贩，万一给你惹点什么事你也要连带地负责；不能租给白领，太算计的人你搞不定……”我忍不住打断她：“那我能租给谁？照这个说法，我只能租给你了！”朋友煞有介事地说：“你要租给艺术家。艺术家思想单纯，说话直接，虽然不见得是有钱人，但一定不会和你斤斤计较，而且他们眼里一般只有他的艺术，虽然偶尔有点怪癖，但是交流起来不费劲，说不定在哪个点还可以给你启发！”

别的不说，朋友对于艺术家的这个评价倒是对的。艺术家的世界总是很单纯，他们的艺术很多在他们所在的年代并不能得到认同，随着时间的推移才慢慢发出光彩。他们把过多的精力放到了艺术上，所以，他们心思单纯，一些为人处世甚至基本的生活常识他们并不了解。他们是我们世界的雨人。

我一直很遗憾，自己虽然从5岁开始学习钢琴，却做不了一个艺术家，我只是一个匠人，因为我始终不能只生活在自己的世界里面。做艺术的人不需要同现实接触太多，做艺术的人都会多多少少跟生活脱节。只有这样，那种天马行空的灵感和作品才会涌现出来，而不沾染世俗的气息。比如肖邦，比如舒曼，他们的音乐总能把你带到他们心中的那个纯净世界。

每个人的成功总是要付出努力。这样的努力不仅仅是时间的付出，更是全部身心的投入。

就像雨人。

他们很多是天才。我们只需要帮天才找到上帝留给他的那扇窗户，我们需要给予天才更多的宽容和理解。

我希望我也成为雨人，可以留一个空间给自己，用无限的热爱，勾勒心中那个伊甸园。

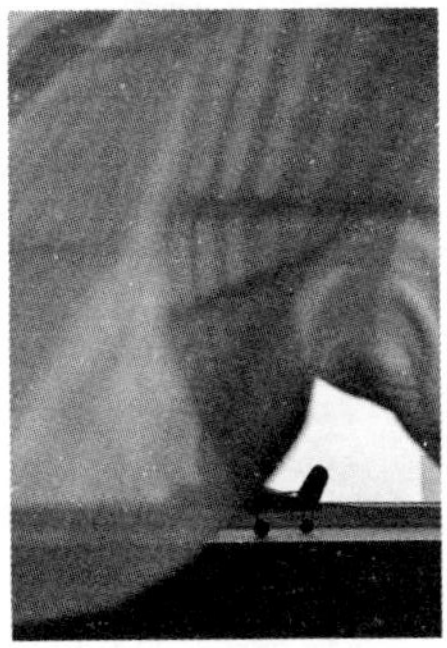

断尾流浪猫的启示

公司食堂周围有很多流浪猫。它们应该受过伤，心灵或是身体，所以，很少能有人接近它们。即使我经常去给它们带饭，它们也不愿意和我亲近，只是等我退到它们认可的安全距离，才会围上去吃食，让人看了不免心酸。可是，我也做不了什么，人受了伤是需要疗救的，猫也一样。或许这里的猫都有一段不为猫知的辛酸史。公司员工也常来，还为它们建了猫舍。

我喜欢看它们吃东西，偶尔会干预一下，让一只看上去体弱多病的小猫先去吃。它刚来的时候好小啊，大约只有两个月的样子,尾巴不知道是被人虐待还是被狗咬了,屁股上沾着血痂,眼神里满是警惕。我不知道它经历了怎样的死里逃生,我的心被它打动,所以经常特别照顾它。几个月下来小猫已经长成了大猫,皮毛发亮,精神抖擞,迈起了四方步,着实有了领导模样。我小时候听妈妈说过,猫主要是靠竖起尾巴来立威,没有尾巴的猫可能已经丢失了八条命,而且平衡也不好掌握。不过,显然这只猫不是这样想的,也不是这样做的——它的地位在猫群里很高,它爬树爬墙的技术一流,它甚至开始叫春了,声音中没有一丝的胆怯与自卑。

没有尾巴的猫是这个猫群里最为自信的猫,也最为强壮。是只有人认为没有尾巴的猫可怜还是猫也认为没有尾巴可怜?作为人的我不得而知。我只知道,这只没有尾巴的猫生活得很好，没有尾巴这件事情没有带给这只猫丝毫的不良影响，我看不出来它认为自己已经失去了八条命！

我是看着这只猫成长的。警惕、伤心、失落，还有身体的疼痛混杂在一起，它实在惨得很，但它还是慢慢地相信了前来喂食的人们。几个月下来，它已经是其中最大胆、离我最近的猫了。如果是我受过这样的伤痛，我会怎样？或许这只是个假设，因为只有等到事情发生了才能知道自己的表现。可是，仅仅是想，我就惧怕了。人，最难认识的就是自我，最难走出的就是过去。猫，应该也是吧。要不然为什么这些猫始终都对人投以警惕的目光，始终都不能和人亲近呢？

失去了一条尾巴不可怕。可怕的是，如果猫知道，不能竖起尾巴就不能立威，爬树也会艰难，甚至这代表自己只有九分之一的命了,它会胆怯吗?猫或许知道,或许不知道。即使它不知道,周围这么多老猫,它们不会告诉它吗?反正人类会。人生活在这样的环境中首先要对抗的是同类,通过同类知道了自己的种种无能,然后再去对抗这些预设的坏情绪。

我只是看见了这只猫,这只人类的眼里有些可怜有些残疾的猫,变成这群受过伤被遗弃的猫中老大。每只猫都有病,心灵或是身体。每个人也都是吧?没有尾巴的流浪猫已经走出了阴霾,你呢?我呢?

人群不是猫群。你不是猫,我也不是,可是,我又觉得有些相似。相似还是不同,谁知道呢?

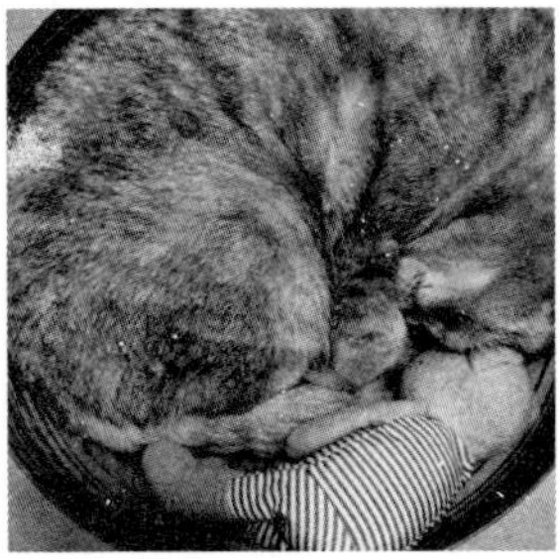

最重要的是每天都开心

在美国游学的日子，学习了很多的专业知识，认识了很多的人，开阔了很多的眼界。但其实在生活上，并没有在国内过得舒服。因为只是游学，所以，房子是租的，很多东西不能添置，能将就的尽量将就。

后来，我和闺蜜Alice去逛鹦鹉店。那一刻，我告诉自己，要放开自己的心去安享当下的生活。据说，鹦鹉可以活到百岁，智商却相当于几岁孩童。Alice特别喜欢鹦鹉，也特别会和鹦鹉聊天。那次，她买了几只鹦鹉。我看着鹦鹉灵动有趣，忍不住逗一只还不会说话的蓝色鹦鹉。蓝色鹦鹉特别逗，它先是炫耀自己漂亮的硬毛，看我想要去摸它，就温顺地低下头，让我去摸它的绒毛。或许是这一低头的温柔触动了我心底的柔软，那一刻我的心雀跃起来。Alice似乎看透了我的心思，她建议我买下来。可是，我觉得我在美国也不会待太久，也就放弃了养鸟的冲动。第二天，Alice兴冲冲地带着这只鹦鹉来拜访我："惠媛，我买了这只鹦鹉送给你，虽然你在美国不会待很久，但是，最重要的是每天都开心！"

"最重要的是每天都开心"，Alice不断地说这句话。她笑容温柔从容，不炫耀，不说教，是从内心里希望我的每一天都能够开心。

我在美国只是短暂的停留，我的生活也就变得将就。人的一生在世界上也只是一个短暂的停留，如何去过这一生呢？

或许，不光是我，很多人都会这样：多多少少都会计算成本和收获，忽略了一生就是由一天天的日子组成的。其实，有计划、有保障，计算一下投入和产出，并非一个不好的习惯，只是，我觉得我们或许可以在原来的基础上稍微地放开那么一点点，过自己想要的生活，让每一天都开心，不留遗憾。甚至，我们也可以任性一下，只要你能够确定你想要的生活，只要不会给别人带来不便。

美国人Redic在上海的家现在被很多人熟知。他把在上海老里弄租来的房子打造成了一个色彩缤纷的艺术空间。房子是租来的，但他的生活不是租的。他努力地营造适合自己的生活空间，让租来的房子焕发出自己的个性。他说，“So even though that I’m renting this place, I put down a deposit. And if I lose my deposit, it doesn’t matter to me. Because the time that I’ve spent this environment, creating it and transforming it into sth. that embraces me and that I’m able to share with others……”是的，无论如何，他在这个房间里享受了这个时刻。

我的本心不是很讲究吗？对，不将就，过好每一天。

如果热爱就放手去做

我从娱乐圈退出来，态度是决绝的，因为我知道，我的心不在那里。我揣着一张可能连一万块钱也没有的卡，奔向自己的未来。

我跑去云南，拜师学习珠宝鉴定，开始设计自己的珠宝；我深入到边境，和原石商人打交道；后来开珠宝公司……一路走下来，我从来都不觉得苦，我甚至是乐在其中的。我很享受投入到这个行业。我摩挲一块石头，想着它真的会因为时间而变得不同，感觉非常奇妙。我每进一家商场，最先要去的一定是珠宝柜台，精美的设计会让我流连忘返。我会不自觉地为珠宝配衣服，也会因为衣服气质修改珠宝，让珠宝充分地发挥出特性，最终形成自己想要的气质。忙碌，那是自然，可是，我并没有觉得辛苦，事实上，我总是嫌时间过得太快，还有很多的灵感没有来得及付诸实践时间就过去了。后来，这些努力也真的有了收获。这样的收获就像是玩游戏闯关成功后给予的奖励，令人兴奋，但我更享受玩游戏本身的那份乐趣和充实。

有人说我是幸运的，我不否认。因为在我成长的道路上确实遇到了太多的良师益友。但是，我觉得所有的这些不能全都归结于幸运，更多的是因为我热爱。

我常常觉得我们的行为可以分为两种，一种是觅食，一种是欢愉。觅食的过程，我们需要算计投入和产出，追求收益，养活自己。欢愉的过程则是自己全身心地投入，不计得失，甚至做的都是“无用”的工作，为的只是博自己一笑，让自己开心。

很多的时候我们不假思索，习惯地将自己生活的全部变成了觅食。吃食越来越丰富，巢穴越来越华美，可是内心却越来越空虚，自己也越来越累。我们也会去寻得片刻的欢愉，但总是不能尽兴，因为怕觅不到食。我们的落脚点仍然是觅食，而不是欢愉。

想要欢愉，就放手去做吧！因为热爱，所以欢愉；因为欢愉，所以尽心；因为尽心，所以能闯关成功；因为闯关成功，便会碰到不期而遇的惊喜。

别人的故事只是别人的故事，放手去做才会有属于自己的故事。我摩挲着手中的石头，不去想自己在工作还是在享受这美好的一刻！

愿明早清晨的阳光吻醒睡熟的你！

戒指戴在左手上是因为右手足够完美

公司营销部的小韩辞职了，递了封辞职信，收拾东西就去了其他公司。我觉得很诧异，不明白事情为什么会是这样。说实话，培养小韩我花了很大的心血，手把手地教他，就在他辞职的前一秒钟，我还在寻思着给他升职、加薪。显然，现在的结果是我始料未及的，我思前想后不得其解。

后来辗转知道小韩离职的原因——他认为自己付出的和得到的肯定、表扬不成正比。导火线就是前段时间他为公司做了个不错的策划，我并没有夸奖他，而处处不如他的小蒋却得到了更多的表扬。他觉得有危机感，而且不公平，索性收拾东西走人。

我顿时有种哑巴吃黄连、有苦难言的感受。小蒋刚入职没多久，刚刚上手，自然需要多一些鼓励，而小韩呢，他已经是成手，难道我会因为他做了一个和他自己能力相当的案子而对他夸赞不止吗？

公司同事觉得小韩有点玻璃心，甚至有些不可理喻。但也许，问题是出在我身上。

我忽然想到一个故事。故事发生在1963年，一位叫作玛丽·班尼的女孩写信给《芝加哥论坛报》的西勒·库斯特先生，因为她实在不明白，为什么她帮妈妈把烤好的甜饼送到餐桌上，得到的只是一句“好孩子”的夸奖，而那个什么都不干、只知道捣蛋的弟弟戴维得到的却是一个甜饼。所以，她想问一下，上帝真的是公平的吗？为什么她常看到一些像她这样的好孩子被上帝遗忘了？

西勒·库斯特当时并不知该怎样回答这个问题。后来，他受邀参加一位朋友的婚礼。在新娘和新郎互赠戒指的环节上，两人阴错阳差地把戒指戴在了对方的右手上。牧师看到这一情节，幽了一默：右手已经够完美的了，我想你们最好还是用它来装扮左手吧。牧师的这一幽默让西勒·库斯特茅塞顿开。右手成为右手，本身就非常完美了，是没有必要把饰物再戴在右手上了。于是，西勒·库斯特给玛丽·班尼回了一封信，我们现在看到的这封信的标题就叫作：上帝让你成为好孩子，就是对你的最高奖赏。

身在职场，最重要的应该是认清自己的能力和位置，知道自己拥有的东西，要相信上帝从来都是公平的，要知道，好孩子会有好的前程。

祝小韩在新公司好运。

无关乎贫富

前段时间在网上看了一个段子：小时候骑个小破自行车，吃咸菜，白菜，看着有钱人开着大汽车，吃着肉，喝着酒，吸好烟，羡慕死了！等到长大了拼命挣钱，终于开上车，吃上肉，喝上酒了，可是有钱人又骑着自行车，吃着萝卜白菜，不吸烟了，也不喝酒了！你们到底想咋样，能不能提前通知我一声，我好在原地等你， 这给我累的……还得往回赶！

这段子还是挺有意思的，把现在一部分人的生活状态和心理状态都描述得入木三分，浅浅的自我打趣，深深的社会现象。

改革开放后短短的几十年里，“这世界变化快”，有传统文化的改变和发展，有外来文化的冲击，发展到现在呈现出多元的文化状态，就像是北京的建筑，中心有改造的四合院和没有改造的四合院，外面有林立的高楼大厦。改造了的四合院生活便利，居于中心，倒是思想进步，中西合璧；没有改造的四合院没有马桶，没有暖气，可并不代表贫穷和落后；至于高楼大厦的格子间，也不是一点没浸染中国文化。在北京的时候，我就觉得这个不断变化的四九城，就是我们祖国的缩影。

中国人慢慢脱离了贫穷，生活的状态也发生了很多的变化。就像老北京的饮食，如烤鸭、爆肚，就是香脆，油大，现在的北京人还会吃这些，但大多会控制油脂的摄入。在那个物质贫乏的年代，能吃到流油的东西，那可稀罕着呢。现在呢，就像段子里说的，简单的生活，简单的饮食。

生活开始回归本色，开始变得不浮躁，不再仅仅依靠金钱来获得尊严，我觉得我们的社会真的有了很大的发展。而当我们解决了生计的问题，我们会更多地关注自我的成长，更多地关注给这个社会的回馈。

不可否认，在祖国高速发展的今天会有一些阴暗的角落，可是，大多数的时候，我看到的是贫穷不失正气，富裕不失贵气。哪怕是这个段子，不也是因为思考了自己现阶段的状态，开始探索，开始修正吗？

在那段我时常怀念的北京日子里，我亲眼看到环卫工人深更半夜还打扫积雪，看到40度的高温下交警站在车水马龙的十字路口一丝不苟地指挥交通。他们安于清贫，默默付出。

拜师学习珠宝鉴定的日子里，我的老师，我老师的老师，虽然可以去做个商人挣更多的钱，可是，他们却甘愿在高校里教书育人。安贫乐道，无关金钱。我的朋友因为女儿一句“爸爸为什么你开的S50，为什么我同学坐的都是S60”，第二天就低价处理了自己的爱车，让女儿走路去上学。富裕贵气，生活简单。这些东西都不是用金钱去衡量的。

我觉得有些时候中国人有点妄自菲薄，认为中国的发展带来了太多的弊病，太多的浮躁。我写这些文字，只是想告诉这些人，不要害怕，勇敢向前走。追求财富，追求功利，但正气贵气我们中国人也还始终保有。有阳光才会有阴影，那么一点点的阴影遮不住灿烂的太阳！

TUESDAY

你不吆喝，便被淹没

1

我的微信改过一回签名，一开始是一句网络上流行的话：青楼满座，只因人心寂寞。

那一次我在苏州，坐一辆大巴，从苏州到周庄，同座拿了一个 kindle 看电子书。在平板、手机肆虐的年代，他显得格外另类。因书结缘，我和他攀谈起来。我说，其实用手机下载个阅读软件就好了。他说，他是故意用这个方式来强迫自己远离手机，多读点书。

晚上八九点钟，我和他夜游周庄。正是热闹的时候，他指着一座打烊的茶室说：上次来，这里明明还开着门，没想到今天关门这么早。他的眼睛望向河边那些灯红酒绿的饭店、酒吧，以似乎故作深沉又有些痛心疾首的口吻说：青楼满座，只因人心寂寞呀。

茶室很低调，酒楼很高调。不好。

太多的中国人低调惯了。李康的《运命论》太深入人心："木秀于林，风必摧之；堆出于岸，流必湍之；行高于人，众必非之。前鉴不远，覆车继轨。"几千年的熏陶，深入骨髓。在他们的观念里，低调就是不急，不躁，不喜，不悲，不争，不浮，是低到尘埃的深沉内敛，是高擎灵魂飞翔的风骨。低调的人，他们的一辈子像喝茶，水是沸的，心是锅里炒过、水里煮过蜷曲又舒展的茶叶，浅斟慢品，任尘世浮华。

2

后来我总觉得这句话似有不妥，怕“青楼”二字在“淫者见淫”之士眼里辱没了我本来就不多的那点斯文，便琢磨着改一改。

有一次去吃饭，没来得及换衣服，外套里面穿着磨破了袖口的运动T恤，喊服务员点菜，爱答不理，我赌气点了一桌子最贵的俗称的“硬菜”，友人一边大快朵颐，一边劝我：你说你跟一服务员置什么气啊。回来后我改了签名：近来世俗多颠倒，只重衣衫不重人。

衣服很低调，脾气很高调。还好。

人性复杂。打个比方，男人看见一个帅哥开一辆豪车，女人看见一个美女打扮得珠光宝气。许多男人本能上的反应可能是，这家伙难道要吸引走所有美女的目光吗？而女人们的心理则是，这家伙真是讨厌到家了，打肿脸充胖子。不过，他们也许在心里承认，这车比我那破车强多了，那串珍珠项链如果挂在我脖子上，该多好。

但反过来，如果是女人看帅哥，男人看美女，答案或许会大不相同。我们不能否认，大多数人还是想成为那个开豪车的帅哥和那个戴珠宝的美女的。

3

我认识一个图书编辑，高调到让人见了面恨不得捶他一顿才解气的那种。似乎他的工作便是混迹于各个图书群，然后聊天吹牛，和人打嘴仗。今天说自己约了一个什么什么重量级作家的书稿，明天说自己签了一个几千万的影视版权，后天又吹嘘自己认识文化部的哪位领导。

我和他打过交道。有次，我把一个朋友的书稿交给他，出版社还没回信，八字还没一撇的事，他便把我们的聊天记录晒到网上。我笑骂他，我说你这种人，在我们这里，用一句俚语说，就是“破裤子先伸腿”，他咧嘴一笑。

其实，我知道，他也是迫不得已。他晒过自己的购书单，我相信，凭他的知识储备，他不是一个浅薄的人。当下流行的一句话，就是为人“低调奢华有内涵”，做事“高端大气上档次”。他难道是为了做事，“内心很低调，外表很高调”？挺好。

高调，似乎永远处在道德的低点上。高调，往往伴随着炫耀、自吹自擂的嫌疑，令人不快。其实，仅此而已。

这个兴衰交替，变动不居的社会，许多人都处于高调和低调的博弈、挣扎之中。许多人都在谋求改变，但又苦于拗不过自己内心的定势，纠结万分。

有的人浸淫传统文化多年，不务虚名，胸中有万千丘壑，而面如枯井无波。有的人，难违人性之恶，胸无点墨却爱夸夸其谈，空自生得好皮囊，原来腹中是草莽。也有人，既能做，又能说，好酒也怕巷子深，瓜好也得王婆夸。

有人说，怀才就像怀孕，时间久了，总会看出来。但你有没有想过，别人家孩子都会打酱油了，你这还待产难产呢。有人说，是金子总会发光的，可又有人说，是金子总会花光的。

低调不是美德，一个人很有本事还很低调无可厚非。但一个人有本事，又很高调，也绝不是什么罪过。因为，这个世界如此喧嚣，你不吆喝，便被淹没。

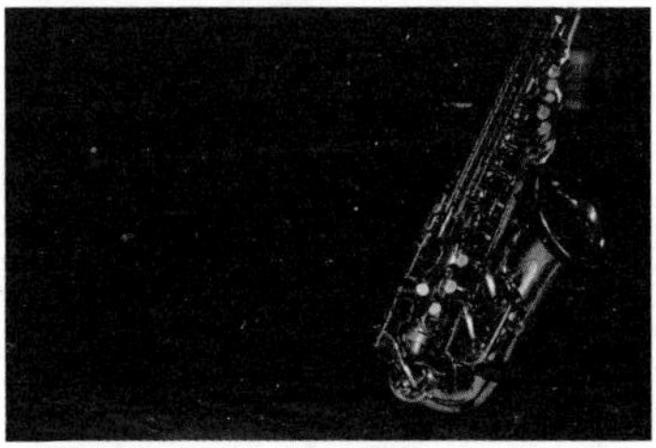

今夜，我会不会枕梦而眠

很多个云淡风轻的夜晚，总有两个梦，跨越千山万水，来到我的窗前。一个相思成串，蔓延成诗，似梦非梦，错落成浪漫。另一个装扮成魔鬼的模样，让我恍惚，梦里不知身是客，信以为真，狼狈醒来。

梦是个很奇妙的东西，神秘莫测，却又总会给爱揣测的人留下些蛛丝马迹。

距今3000多年前的殷商时期，刻在龟背和兽骨上的文字，也就是卜辞，远古的人类占卜最多的便是王的出入平安和梦兆吉凶。

无独有偶，公元前四千年前的亚述和巴比伦文明，楔形文字里同样记载了大量的祭司和国王的梦境。

东方和西方古文明都认为，上天在通过梦来传达神谕。

十几岁的时候，我开始做同样的梦。

闺蜜笑话我说：哟，小女子懂得思春了。去吧，去吧，不到园里，怎知春色如许？我和她笑骂着，打闹着，然后，一同长大。

梦的主角是一个高大强壮的陌生男子，笑容很阳光，很干净，皮肤是被阳光晒过的健康的黑，很潮很洋范儿，像极了一个游历四方的流浪歌手。

场景一下子荡到荷兰或是新西兰的草原，天空是宝石蓝，草地是祖母绿。周围是简单的草棚，风吹草低，牛羊遍地。他统御着自己的牛羊，像是这片土地上的王，率领着自己的子民。我们在草原上奔跑、嬉戏、打闹，说动人的情话，有时追逐天上的苍鹰，有时策马逐花……

闺蜜说，《盗梦空间》看多了吧，你真是个造梦高手。我知道，那是你对自由和爱情的向往。你跑去新西兰的牧场，住上两个月，此梦可解。

我说，得了吧。我喜欢简单粗暴的男性。最好是一名货车司机，而且是开大型机械的，要胡子拉碴一点，有长途奔袭后的疲惫感和风吹日晒的沧桑感。

闺蜜夸张地吐出“重口味”三个字，笑到不能自已。

拍戏的时候，有时候一周都没有完整的时间睡觉，白天赶场，晚上拍夜戏，在候场的椅子上，见缝插针，倒头打盹。

身体开始吃不消，个别系统和部门抗议，罢工。一个人偷偷跑去医院看大夫，拿到体检报告，70%的指标不正常。大夫痛心地说，这样的病是要人命的。

梦境也不再美妙。梦到被人追杀，一高一矮，两个面目狰狞的男人追我，在一个长长的、长满青苔的长廊里，我光着脚，不停地跑。然后惊醒。

梦境实在太过诡异，便试着解梦。有一种理论说，梦到自己遇到危险，大脑受到强烈刺激，会开启自我保护机制，关闭潜意识的大门，迅速回到现实，以免精神受到伤害。

追赶你的“仇人”之所以甩不掉，因为这往往是自己的化身，而这种化身就是自己的本能，比如道德感、责任感和负罪感等。梦到被追杀不过是本能过度压抑后的反抗或报复。

书里说，下次再做这种梦，试着回转身，与身后的敌人握手言和。

与梦境中的仇人握手言和，不就是和生活中的自己握手言和吗？

想到好莱坞“默片女皇”葛丽泰·嘉宝的故事。有一次，嘉宝去医院探望好友莫妮卡。莫妮卡刚刚诞下一个男婴，小家伙紧攥着双手。新生命的诞生让嘉宝心情大好。走出产房，嘉宝碰到一位医治无效死亡的钢铁大亨，她无意间瞥见死者无力悬垂的一只手。这一强烈的对比让嘉宝心中一颤：每个人从出生时，就在不断地攫取、占有，然而无论抓得多紧，终有松开的一刻。

36岁时，在她事业的巅峰期间突然宣布息影，且终身未嫁，留给世人一个惊艳而无解的传奇。

1580年，蒙田在《随笔集》里写道：人生如梦，我们醒而睡着，睡而醒着。这大概是梦给予人类最大的恩赐吧。